AF542795

DEWIKOGRAPHIE,

STÉNOGRAPHIE DES PRINCES.

DEWIKOGRAPHIE,

STÉNOGRAPHIE DES PRINCES,

PAR

Mme IRMA DE WIK-POTEL,

Deuxième édition,

PRÉCÉDÉE

DE RECHERCHES CHRONOLOGIQUES

ET

D'UNE NOMENCLATURE BIBLIOGRAPHIQUE,

Depuis l'origine de l'Art Abréviatif jusqu'à ce jour.

> La Dewikographie, en ses contours gracieux,
> Est un art agréable, utile, ingénieux :
> Chaque trait rend un son ; la main légère, active,
> Fixe sur le papier la pensée fugitive.
>
> (*Mme Irma de Wik-Potel*).

PARIS,

LIBRAIRIE CLASSIQUE DE Mme Ve MAIRE-NYON,

QUAI CONTI, N° 13,

Et chez les principaux Libraires de France et de l'Étranger.

OCTOBRE 1853.

RECHERCHES CHRONOLOGIQUES,

ET

NOMENCLATURE BIBLIOGRAPHIQUE,

Depuis l'origine de l'Art Abréviatif jusqu'à ce jour.

L'origine des abréviations remonte à la plus haute antiquité.

Chez tous les peuples, on découvre les traces d'une écriture abrégée. En Egypte, comme en Chine, les figures symboliques et hiéroglyphiques usitées par les savants étaient simplifiées pour le vulgaire. Dans le commerce et dans les affaires, on se servait de caractères abréviatifs. Ce n'est point là, proprement dit, une véritable sténographie; on n'obtenait qu'une rapidité relative : et cette écriture rapide des Chinois et des Égyptiens nous paraîtrait bien lente.

Quelques savants présument que les abréviations étaient en usage du temps de David, et *Favyn*, dans son *Histoire de Navarre*, dit : *Les Scribes du grand Sanhédrin des Juifs écrivaient par signes abrégés; ils en avaient les notices que Moïse avait laissées à ses successeurs, et que les*

Rabbins prétendent avoir conservé. Comme corollaire de son assertion, Favyn cite ce passage des enfants de Choré : *La plume de l'écrivain écrivant plus vite que ma parole.*

Il est certain que les Hébreux faisaient usage d'un genre d'abréviations que l'on nomme *Notariacon.* Plusieurs auteurs affirment cette écriture n'avoir été pratiquée que bien après la destruction de Jérusalem. Cependant les Rabbins pensent que l'origine du *notariacon* est plus ancienne.

Le *notariaçon* consiste à exprimer un mot par une lettre, et même une idée par un mot. Ces abréviations ayant été abandonnées, furent employées, dans la suite, comme signes cabalistiques.

Les renseignements transmis sur l'art abréviateur des Grecs ont un caractère plus authentique. Les abréviations furent pratiquées en Grèce sous le nom d'*Oxygraphie* et de *Séméiographie.*

Xénophon, surnommé l'abeille attique, fut le premier qui parvint à suivre la parole à l'aide de signes abréviatifs. Il en fit usage pour recueillir le discours de Socrate.

On attribue communément à Ennius Quintus la première connaissance des abréviations chez les Romains. A cette époque, on employait comme moyens abréviatifs certaines lettres initiales dont on était convenu de se servir pour signifier un mot.

Ainsi on écrivait E. pour *extrâ;* P. P. pour *Pater Patriæ;* U. C. pour *Urbs Condita;* S. P. Q. R. pour *Senatus Populusque Romanus ;* I. N. R. I. pour *Iesus Nazarenus Rex Iudæorum;* etc. Cette manière d'écrire en abrégé était

connue sous le nom de *sigles;* et, durant plusieurs siècles, elle fut en grand usage à Rome.

On retrouve les *sigles* romains dans nos inscriptions monumentales. Tout le monde connaît ces trois initiales D. O. M. qui signifient *Deo Optimo Maximo*. A la vue de ces quatre sigles A. M. D. G., on reconnaît de suite la devise d'un ordre célèbre qui se traduit par ces mots : *Ad Majorem Dei Gloriam*.

De tout temps, les astronomes, les algébristes, les chimistes, les légistes, les médecins, les grammairiens, les théologiens, même les négociants ont employé avec succès certains *sigles* spéciaux.

Ce fut plus de cent cinquante ans après Ennius que commença à surgir à Rome un système régulier d'abréviations.

Tiron (*Tullius Tiro*), affranchi de Cicéron, inventa des caractères abréviatifs appelés *Notæ* (c, a, d, notes). A l'aide de ces abréviations, on pouvait écrire aussi vite que la parole. Ceux qui se livrèrent à ce genre d'écriture furent d'abord nommés *cursores*, puis ensuite *notarii;* d'où est venu chez nous le mot *notaire;* qui primitivement servait à désigner tous ceux qui écrivaient rapidement en *notes,* sous la dictée d'autrui.

L'art abréviateur des anciens est parvenu jusqu'à nous, sous le nom de *notes tironiennes;* en l'honneur de Tiron, qui, le premier, perfectionna les abréviations, les régularisa, les réduisit en système, et en fit une science.

Cicéron employa les *notes tironiennes* pour son travail de cabinet, et contribua à leur propagation. Le jour

où Caton s'éleva avec énergie contre les mesures que César avait proposées pour renverser la conjuration de Catilina ; Cicéron, afin de ne laisser perdre aucunes des paroles que prononcerait ce grand homme, eût soin de placer des *notarii* dans différents endroits du sénat. C'est à l'habileté de ces abréviateurs que l'on doit le discours de Caton, le seul qui ait été transmis à la postérité.

Aquila, affranchi de Mécène, se rendit habile dans la pratique des *notes tironiennes*, et y ajouta de nouveaux signes.

L'art tironien fut professé dans toutes les écoles publiques, et obtint un grand succès même dans les classes élevées de la société.

L'empereur Auguste, au rapport de Suétone, pratiquait l'art des abréviations. il l'enseigna même à ses neveux, et il s'appliqua avec ardeur à les rendre habiles dans ce genre d'écriture.

Horace consacra quelques vers en l'honneur de l'art abréviatif.

ÈRE CHRÉTIENNE.

Ier SIÈCLE.

En suivant pas à pas les progrès des *notes tironiennes*, nous retrouvons dans Manilius, une allusion charmante et délicate, adressée à un abréviateur. Il dit : *Pour lui, une lettre est un mot. Il sera rapide. Ses notes marcheront plus vite que la parole; et, par de nouvelles abréviations, il recueillera à la course les plus longs discours.*

Senèque, compila les notes de Tiron, les mit en ordre; en augmenta le nombre et composa un dictionnaire de tous les mots réduits en signes abréviatifs.

Valérius Probus, très-célèbre grammairien du temps de Néron, travailla très-utilement à l'explication des *notes*.

L'empereur Titus, au dire de Suétone, excellait dans l'art tironien; et parfois, soit par distraction ou plaisanterie, il luttait de vitesse avec les plus habiles abréviateurs.

Il existe à la bibliothèque du Vatican à Rome un livre renfermant les œuvres attribuées à saint Denis, l'aréopagite, écrit d'après les procédés séméiographiques.

Martial, dans quelques vers enthousiastes, glorifie la séméiographie d'une manière fort énergique.

Pline-le-Jeune, associa constamment des *notarii* habiles à tous ses travaux. Il n'entreprit jamais un voyage sans être accompagné d'un secrétaire capable de suivre la parole en écrivant.

On trouve dans Juvénal une allusion caractéristique en faveur de l'art abréviatif.

IIe SIÈCLE.

C'est à Plutarque que l'on doit la connaissance de l'art abréviateur des Grecs, dont il a minutieusement décrit les caractères.

On voit à la bibliothèque impériale à Paris un manuscrit du IIe siècle, écrit en caractères oxygra-

phiques. Cet ouvrage précieux contient la rhétorique composée par Hermogène.

IIIe SIÈCLE.

L'usage des abréviations devint tellement général que le pape Fabien institua sept sous-diacres, ayant pour fonction spéciale de transcrire, sans aucunes abréviations, les actes qui présentaient quelqu'importance.

Ambroise, diacre d'Alexandrie, entretint à ses frais quatorze secrétaires près d'Origène. Sept pour recueillir avec le plus grand soin les paroles de cet éloquent catéchiste. Ils se changeaient tour-à-tour à des intervalles convenus, et, au moyen d'abréviations, notaient toutes les paroles du grand orateur. Ces abréviations étaient traduites en écriture ordinaire, et copiées avec élégance par les sept autres secrétaires.

Saint Cyprien donna un nouvel essor aux notes tironiennes en les adaptant à l'usage particulier du christianisme. Il y ajouta de nouveaux signes, et transcrivit ainsi les psaumes de David.

IVe SIÈCLE.

En lisant les vers composés par Ausone en l'honneur d'un *notarii* très-habile de son temps; on appréciera la faveur et le prestige dont était entouré le talent si utile des abréviateurs.

Un certain Protogène, habile dans l'art de la séméiographie, étant exilé à Antinoé, sous le règne de

Valens, tenait école grecque dans cette ville; il dictait à ses élèves les psaumes de David pour les exercer à écrire en signes abréviatifs.

A peu près vers la même époque, on trouve chez les peuples septentrionaux les traces d'une écriture abréviative.

Ulphilas, évêque des Goths, dévoila le secret de l'*écriture rûnique*. Il en abrégea les formes compliquées et peu expéditives. Les *rûnes* jusqu'alors caractères mystiques devinrent signes abréviatifs.

Ammien Marcellin nous parle aussi de l'importance et de l'utilité des abréviations. Elles étaient en usage, dit-il, non-seulement pour les affaires publiques, mais aussi pour les affaires particulières. Assyria, femme de qualité, voulant entretenir son mari d'affaires très-importantes, lui écrivit en caractères abrégés.

Saint Épiphane, à la fin de son *Panarium*, dit que cet ouvrage, ainsi que son *Ancorat*, avaient été écrits en *notes* par un certain Anatole, et qu'ils furent ensuite mis au net par le sous-diacre Hypace.

Saint Anselme rapporte que saint Jean-Chrysostôme se servait de *notarii* pour accélérer ses travaux. Constance, prêtre d'Antioche, trouva parmi les papiers de ce grand patriarche les homélies sur l'épître aux Hébreux, écrites en notes.

Prudence, dans son éloge de saint Cassien, nous apprend que ce célèbre martyr cultiva les notes tironiennes, et même qu'il enseigna les principes de l'art abréviateur.

Vᵉ SIÈCLE.

C'est encore au talent des abréviateurs que nous sommes redevables de posséder les œuvres de Synésius, ainsi que nous l'apprend Synésius lui-même dans une lettre qu'il adressa à Théophile, fameux patriarche d'Alexandrie.

Saint Jérôme occupait dix secrétaires : quatre suivaient sa parole par abréviations, et les six autres transcrivaient en écriture ordinaire.

Saint Augustin lui-même nous apprend qu'il avait à son service huit secrétaires habiles dans l'art des abréviations. Ils se relayaient de deux en deux, afin que rien ne fut omis ou altéré.

Dans une lettre qu'Evode écrivait à saint Augustin, on y distingue ce passage : *J'ai près de moi un jeune homme, fils d'Armenus, prêtre de Melone.... Il a été employé près du scribe du proconsul, et il écrit en* notes *très-vite.*

Sozomène exécutait les signes abréviatifs avec une célérité si extraordinaire qu'il mérita le titre exceptionnel de *notaire impérial.*

Sidonius Appollinaris, si renommé par sa vaste érudition, se livra à des recherches curieuses sur les *notes* anciennes.

Justinien, dans sa 44ᵐᵉ *novelle* nous apprend que d'abord les contrats étaient écrits en *notes* ou abréviations par les notaires. Ce premier écrit n'était qu'un simple brouillon, et pour être obligatoire, il fallait que le tabellion lui-même le mit au net et en fit la grosse.

VIe, VIIe ET VIIIe SIÈCLES.

Fulgence, célèbre grammairien de Carthage, au VIe siècle, rapporte que l'enseignement élémentaire comprenait l'abécédaire et les *notes*.

Saint Isidore de Séville, qui vivait au VIIe siècle, dans son ouvrage des *Origines*, parle savamment de l'usage des abréviations.

Vers la fin du VIIIe siècle, Warnefride, plus connu sous le nom de Paul Diacre, secrétaire de Didier, dernier roi des Lombards, donna des notions exactes sur l'art abréviatif, qui était depuis fort longtemps tombé en désuétude.

IXe SIÈCLE.

Les abréviations, négligées durant les VIIe et VIIIe siècles, furent pratiquées avec succès dans le IXe. Des documents irrécusables prouvent qu'elles étaient en grande faveur à cette époque.

On conserve à la bibliothèque impériale, à Paris, plusieurs manuscrits très-curieux, écrits en *notes* au IXe siècle; entre autres un capitulaire, cinquante-quatre chartes de Louis Ier, le pieux.

Saint Magon, archevêque de Sens, rédigea un traité des abréviations de tous les termes du droit du temps de Charles-le-Chauve.

Il est à remarquer qu'à cette époque les archevêques et patriarches avaient des secrétaires particuliers qui faisaient usage d'abréviations.

Lors du concile général, qui fut convoqué à Con-

stantinople par Basile-le-Macédonien, plusieurs abréviateurs furent admis pour recueillir les graves questions qui furent agitées et débattues dans cette assemblée.

Xe SIÈCLE.

Sous l'empereur Conrad Ier, Pierre Diacre, fit paraître un traité complet d'abréviations.

Eckard-le-Jeune, chapelain de l'empereur Othon Ier, fit preuve d'une grande habileté en recueillant par *notes* les conférences au sujet de l'élection de l'abbé Notker.

Plusieurs savants affirment que les abréviations furent en usage jusques dans le milieu du XIe siècle.

XIe, XIIe, XIIIe ET XIVe SIÈCLES.

Ici un voile mystérieux et impénétrable rompt le fil chronologique de nos recherches. Les traces de l'art tironien échappent aux investigations les plus scrupuleuses.

XVe SIÈCLE.

Vers la fin du XVe siècle (1496), l'abbé Trithème découvrit, dans un monastère de son ordre, un ouvrage négligé, méprisé et jeté dans la poussière à cause de son extrême vétusté. Le supérieur demandant en échange les œuvres de S. Anselme, Trithème se les procura pour la sixième partie d'un florin, et il opéra l'échange à la grande joie du supérieur et des religieux. Ainsi, il acheta à vil prix un ouvrage très-précieux contenant les *notes tironiennes* modifiées et augmentées par S. Cyprien. Aidé de ce précieux document, le savant abbé rechercha les éléments de l'art tironien.

Deux ans plus tard (1498), le savant abbé trouva, dans la bibliothèque de l'église d'Argentine, un livre portant cette inscription : *Psaultier en Arménique langue.* Trithème manda le supérieur, lui montra l'erreur, et l'avertit que ce psautier était écrit en *notes tironiennes.* Ce beau psautier, en *notes* et en lettres dorées, est aujourd'hui à la bibliothèque de Brunswick.

A peu près à la même époque, le pape Jules II, ayant reçu de la Dacie un ouvrage qui contenait en *notes* une partie des *Commentaires de Hyginus sur les astres,* on ne put trouver personne pour le déchiffrer. Le cardinal Pierre Bembo, qui s'était occupé de ce travail, d'après l'invitation du souverain pontife, s'excuse de n'avoir pu en venir à bout sur ce que, depuis un temps immémorial, les *notes* avaient cessé d'être en usage.

XVIe SIÈCLE.

Grand nombre d'écrivains célèbres du XVIe siècle préconisèrent l'art abréviatif, et par de nouvelles recherches activèrent sa réhabilitation.

Jean-Baptiste Porta, Scaliger, furent de fervents zélateurs. Hubert Goltzius publia un traité d'abréviations pour l'intelligence des légendes et des médailles. Gabriel de Collange, en traduisant la Polygraphie de Trithème, facilita l'étude des notes tironiennes. Fran-

çois Hotman, Alde Manuce, le jeune, Juste Lipse, contribuèrent par leurs travaux à faire sortir de l'oubli l'art si utile des abréviations.

Ce fut en Angleterre que l'écriture abréviative reçut la première application pratique.

Ratcliffe, de Plymouth, fut le premier auteur qui ait publié une méthode raisonnée. Il employa, dans son système, l'alphabet ordinaire, en supprimant les voyelles et quelquefois les consonnes.

En 1547, MAC-AULAY, sous le titre de *Polygraphie*, publia un système d'écriture abrégée.

En 1588, T. BRIGHT, dédia à la reine Elisabeth, sous le titre : *Art d'écrire promptement et secrètement par signes*, un nouveau mode d'abréviations. Son système ressemble beaucoup à celui usité à la Cour de Rome ; il représente les mots par des caractères arbitraires.

En 1600, Peters BALES offrit un recueil d'abréviations. Son ouvrage, semblable quant au plan, à celui de Bright, a été rédigé et classé de manière à ce qu'on put apprendre les signes plus facilement.

XVIIe SIÈCLE.

L'impulsion donnée, dans le siècle précédent, à l'art abréviateur, stimula un grand nombre de savants. Ils s'appliquèrent à remettre en lumière les abréviations des anciens. Ils s'efforcèrent de faire sortir de l'oubli un art aussi important et aussi utile. Parmi les hommes remarquables du XVIIe siècle qui ont le plus contribué à populariser la science des abréviations, on peut citer Jean GRUYTÈRE, dont l'immense travail jeta un nouveau jour sur les notes des anciens : Juste Lipse, Herman Hugo, Emmanuel Rodriguez, Frédéric Lindeborg, Vossius, Thomas Reinesius, Jean-Amos Comenius, Sertorio Orsati, Jean Wilkins, Caramuel de Lobkowitz, Mabillon, Locke, Bekker, Leibnitz. C'est après avoir compulsé les ouvrages de ces hommes renommés par leur profonde érudition, c'est après nous être enrichi de leurs renseignements que nous avons pu classer nos recherches chronologiques. Ces ouvrages seront toujours consultés avec fruit par les personnes qui désirent approfondir la science des abréviations.

En 1602, John Willis publia une méthode d'écriture abréviative sous le titre : *Abreviation on writting by characters.* Cet ouvrage le fit considérer comme le père de la sténographie anglaise.

En 1651, Jacques Cossard publia une *Méthode pour écrire aussi vite que l'on parle* (Paris, petit in-8°, 26 pages, avec portrait de Louis XIV). Un exemplaire de ce livre, imprimé sur vélin, était conservé à la bibliothèque impériale de Paris; on ne sait comment cela se fit, il disparut. Heureusement, parmi les livres légués à la biliothèque impériale par le docteur Falconnet, se trouve le pareil exemplaire.

Le système de l'abbé Cossard est entièrement de son invention. Il est fort ingénieux pour son époque.

En 1654, parut en Angleterre un traité d'abréviations composé par Rich.

En 1655, Thomas Shelton, sous le titre : *Art of Short-Hand writing*, publia un système d'abréviations fort remarquable, et qui a eu un grand retentissement.

En 1659, RICH publia un mode d'abréviations bien préférable à son précédent système. Ce second ouvrage fut patroné par Locke, qui en parle très-avantageusement dans son *Essai sur l'éducation*.

En 1660, parut à Londres une traduction latine du traité de Th. SHELTON, sous ce titre : *Tachigraphia nova, sive exactissima et compendiosissima breviter scribendi*, etc...

A cette époque, l'écriture abréviative était déjà en grande faveur chez les Anglais, et les personnes de la plus haute qualité employaient les caractères abréviatifs.

Un jour le roi Charles II témoignait à Monk son mécontentement de M. Morrice : « Sire, répondit le général, je ne connais aucune qualité nécessaire à un secrétaire d'Etat qui manque à M. Morrice, car il parle le français et excelle dans l'*écriture par abréviations*.

En 1664, Gaspard SCHOTT fit connaître les principes abréviateurs de SHELTON dans son *Technica curiosa*.

En 1665, Charles-Aloysius RAMSAY, gentilhomme écossais, publia une première édition de sa *Tachéographie*.

En 1678, elle fut réimprimée; et, en moins de quatorze ans, elle eut cinq éditions successives.

En 1681, le chevalier Ramsay dédia sa méthode à Louis XIV, et publia, à Paris, un vol. in-12, 86 pages, 2 planches, français et latin en regard.

En 1681, parut également, à Leipzig, une édition de cette même *Tachéographie*.

En 1684, une autre édition à Iéna.

En 1687, Addy publia une méthode intitulée : *The art of short writting*. Son système compta de nombreux adeptes, et il fit paraître une édition du Nouveau Testament gravé en signes abréviatifs.

En 1691, une réédition du *Système Shelton* obtint la même vogue que lors de sa première apparition.

XVIIIe SIÈCLE.

Les documents les plus complets et les plus authentiques nous ont été fournis par les compilateurs savants et éclairés du XVIIIe siècle. Dans les œuvres de ces hommes éminents, nous avons puisé une foule de renseignements.

La *Paléographie grecque* de Montfaucon, la *Méthode tironienne* de Carpentier sont les sources fécondes et les mines inépuisables de la science des abréviations.

Toustain, Jean Gatterer, Georges Lichtenberg sont également des autorités prépondérantes qui ont consacré leurs veilles au progrès de l'art abréviatif.

En 1717, un anonyme publia en Angleterre une écriture abréviative sous le titre : *New Method of Short-Hand*.

En 1718, on trouve, à la date du 26 mai, dans les *Transactions philosophiques* la méthode abréviative de S. Jeakes.

En 1743, Weston publia, à Londres, un opuscule intitulé : *Stenography compleated, or the art of short-hand, brought to perfection*. Cette méthode fut longtemps la plus généralement usitée. Il existe plusieurs livres

imprimés en anglais, avec les signes sténographiques de Weston, notamment un dictionnaire, une grammaire, un recueil de psaumes et plusieurs autres livres d'église.

En 1743, parut, à Leipzig, une traduction allemande in-8°, de la *Tachéographie* du chevalier Ramsay.

En 1753, Gurney inventa une écriture abréviative fondée sur les principes de celle de Masson, dont le système jusqu'alors avait été le plus suivi. Lord Byron, dans les notes de *Don Juan*, parle de William Brodie Gurney, qui succéda à son père dans l'honorable fonction de Sténographe du Parlement. La famille Gurney a fourni plusieurs Sténographes remarquables.

En 1763, un anonyme publia, en Angleterre, un système abréviatif sous le titre : *Alphabet of Reason.*

En 1767, on publia, à Manchester, un dictionnaire universel d'abréviations sous le titre de : *The Universal English Short-Hand*, etc., *Invented by John Byrom.* Cet ouvrage a fait époque dans la science des abréviations.

En 1769, on retrouve une réédition du *Système-Bryom.*

En 1774, de la Vallade publia une écriture abréviative. Il en donna une nouvelle édition en 1777. Impossible de se la procurer, pas même à la bibliothèque impériale.

En 1775, Feutry publia son *Manuel Tironien,* (vol. compacte de 482 pages). Dans ce *Recueil d'abréviations* exécuté à l'imitation des notes tironiennes, l'auteur ne fait usage d'aucuns signes étrangers ; il se contente de supprimer des lettres.

En 1776, Goulon de Thévenot présenta à l'Académie des sciences de Paris les premiers essais de sa *Tachygraphie.*

En 1787, il la dédia au roi Louis XVI.

Depuis lors cette méthode a eu un très-grand nombre d'éditions. La Tachygraphie, œuvre remarquable pour son époque, n'est pas une véritable sténographie. La forme indécise et capricieuse des signes s'oppose à la liaison des caractères. Cette écriture s'éxécute par soubresauts; à chaque syllabe la main est forcée de rompre sa marche, ce qui nuit à sa rapidité.

En 1777, parut à Londres un ouvrage anonyme sous le titre : *A Short-Hand Dictionary,* etc. On y reconnaît l'alphabet de Gurney, sauf cinq caractères qui ont été changés. L'auteur présente une nouvelle théorie d'abréviations pour les désinences médiantes et finales. Ce dictionnaire forme un in-18 compacte divisé en vingt-sept tableaux. Ces vingt-sept tableaux comprennent, par ordre alphabétique, tous les mots en signes sténographiques. En regard de chaque tableau est placée la traduction anglaise des signes. Cet ouvrage, très-rare en France, est d'une grande importance pour l'art abréviatif.

En 1784, Mitchell publia une méthode intitulée : *The elements of Short-Hand, founded on the principles of nature, and true philosophie,* etc... Il paraîtrait que cette méthode a trouvé peu de partisans, on lui reproche que ses caractères offrent des formes bizarres et désagréables à la vue et à l'exécution.

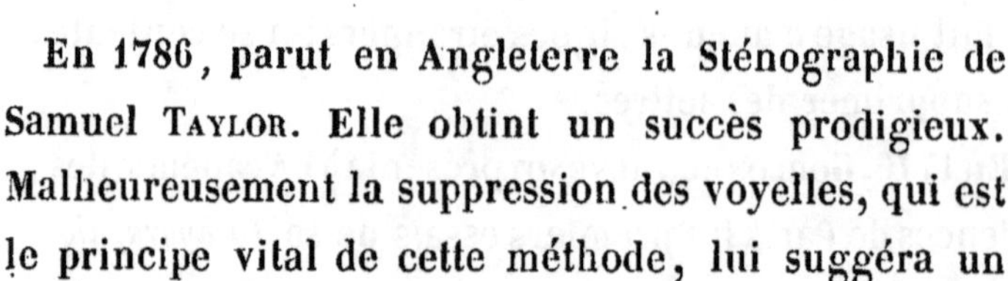

En 1786, parut en Angleterre la Sténographie de Samuel TAYLOR. Elle obtint un succès prodigieux. Malheureusement la suppression des voyelles, qui est le principe vital de cette méthode, lui suggéra un grand nombre d'antagonistes et nuisit à sa popularité.

En 1787, parut à Paris, chez le libraire Crapart, le *Parfait Alphabet du curé de Saint-Laurent.* Nous n'avons pu retrouver aucune trace de cette écriture abréviative, pas même à la Bibliothèque impériale.

En 1789, le docteur MAVOR publia un traité de Sténographie basé sur les principes de Taylor. L'*Encyclopædia Britannica*, ainsi que plusieurs Sténographes anglais, accordent la préférence au système du docteur MAVOR.

En 1792, Théodore-Pierre BERTIN, adapta la *Sténographie-Taylor* à la langue française. Le traducteur obtint en France le même succès que l'inventeur en Angleterre. La sténographie surpassa la tachygraphie. Coulon fut détrôné par Taylor. Cependant la suppression des voyelles nuisit au succès général de la sténographie anglo-française. On lui reproche des équivoques ridicules, des non sens absurdes, et un très-grand nombre de monogrammes indéchiffrables.

En (l'an IV) 1796, T. P. BERTIN publia les fables de Lafontaine en signes sténographiques (*Système-Taylor*). — (Paris, in-18, 188 pages, soigneusement gravé par Dien). Ce petit volume est fort rare et très-curieux. C'est, on peut le dire, le diamant bibliographique de l'amateur de sténographie.

En 1796, MOSSEINGEL publia à Esenach un traité

d'écriture abréviative intitulé *Deutsche Sténographie* (Sténographie Allemande).

En (l'an v) 1797, parut une brochure anonyme (Paris, in-8°, 16 pages, 1 planche), ayant pour titre *Monotypie*, ou l'art d'écrire et d'imprimer avec un seul caractère. L'auteur fait usage d'un papier sur lequel sont tracées préalablement des circonférences composées de petits cercles blancs. Un point noir placé dans un des petits cercles blancs représente les lettres. Il change de valeur suivant la place qu'il occupe. Les voyelles sont figurées par un seul point noir. Les consonnes sont indiquées par des points noirs accouplés. L'auteur propose son système comme écriture universelle, diplomatique et tachygraphique.

En 1797, HORSTIG publia à Leipzig un ouvrage intitulé *Ertleichterte Stenographie* (Stenographie, rendue plus facile).

En 1797, MOLINA, publia à Milan une méthode intitulée : *Scrittura Elémentare, o sia arte di scrivere colle sole radici dell' alfabeto*. L'auteur prenant pour point de départ le système Taylor, supprime une partie des voyelles. Il rejette les caractères bouclés, et ceux qui commencent, ou qui finissent par un crochet. Il n'a conservé que le point, la ligne droite, et le demi cercle dans leurs différentes positions. Il attribue à chacun de ses signes une double valeur, selon qu'on le place sur ou sous une ligne en encre rouge tracée préalablement sur le papier.

En (l'an v) 1797, Adrien PRONT publia les *Eléments d'une Typographie réduite au tiers, et d'une écriture qui gagne*

près des trois quarts sur l'écriture française (Paris, in-8°, 126 pages, signes admirablement gravés dans le texte). Cette écriture abréviative est fort jolie, son exécution est gracieuse; elle est d'un aspect agréable. Ce système, insuffisant sous le rapport de la rapidité, survivra comme œuvre de combinaisons et de recherches, et comme type d'abréviations. Pront est le classique de l'art abréviateur.

Vers la fin de (l'an VII) 1799, MONTIGNY, membre de la Société Académique des Sciences de Paris, l'un des auteurs du supplément de l'encyclopédie présenta sa *Sténographie Méthodique*, modification du *Système-Taylor*. Les caractères y sont classés dans un ordre plus rationnel ; et l'auteur propose un signe-voyelle qui se surajoute à volonté, et qui change de valeur suivant la place qu'il occupe.

Le 4 brumaire an VIII (1800), une mention honorable lui fut décernée par l'Institut.

Le 14 juin 1805, la Société Académique des Sciences de Paris, arrête que le rapport sur la *Sténographie Méthodique*, sera déposé aux archives comme un témoignage de satisfaction.

En 1807, fut publiée une deuxième édition (Paris, in-4°, 28 pages, 8 planches).

En 1800, l'écossais Josua BRIGGETT, publia à La Haye un vol. in-12, sous le titre *Ecriture Tachygraphique et Cryptographique*. L'auteur emploie les dix chiffres arabes auxquels il joint dix autres signes d'un tracé facile, Ces vingts signes, avec le secours des corrélations phoniques, donnent moyen de reproduire tous les mots.

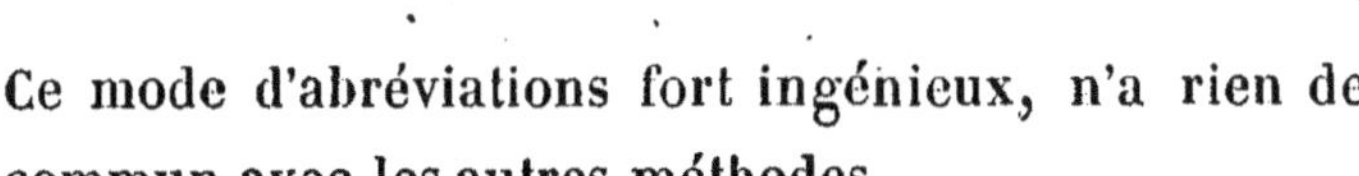

Ce mode d'abréviations fort ingénieux, n'a rien de commun avec les autres méthodes.

En (l'an VIII) 1800, Cattêt et Gardet, publièrent une brochure (Paris, in-8°, 70 pages, 1 planche), intitulée : *l'Art d'écrire aussi vite que l'on parle*, etc. Ces deux auteurs se sont efforcés de perfectionner la Sténographie Taylor et Bertin. Ils ont inventé des signes voyelles pour en faciliter la lecture. Cet ouvrage est le soubassement d'un édifice dont nous cherchons l'architrave.

XIXe SIÈCLE.

Notre siècle a laissé bien loin derrière lui les écritures abréviatives des siècles passés. De nos jours, la Sténographie est une science qui a ses principes, ses usages, et ses règles ; les méconnaître, et en dévier, c'est arrêter la marche de l'art abréviateur ; c'est nuire à son perfectionnement.

Aujourd'hui, avant de se poser en maître, il faut avoir pratiqué longtemps un système de Sténographie ; il faut avoir approfondi le mécanisme phonique de la langue ; il faut avoir étudié le rapport des sons avec les signes ; et, *avant tout*, il faut connaître à fond tous les systèmes de Sténographie publiés jusqu'à ce jour.

Les ouvrages modernes, qui traitent de l'écriture abréviative, sont en si grand nombre, que, faute d'espace, nous sommes forcés de n'en faire connaître que la *nomenclature bibliographique*.

4

BIBLIOGRAPHIE.

1801 (an IX). Honoré Blanc. — *Okygraphie;*
(Paris, in-8°, 127 pages, 15 planches).
Cet ouvrage a eu plusieurs éditions.

1801. Samuel Richardson. — *A New System of Short-Hand*, etc.;
(Liverpool, in-8°, 56 pages, 16 planches).

1801. Clément. — *La Sténographie ou l'art d'écrire aussi vite qu'on parle;*
(Paris, in-8°, 70 pages, 4 planches).

1802. (an X). Godfroy. — *Okygraphie Méthodique*, etc.;
(Metz, in-18, 36 pages, 2 planches).

1802. P. Dupont. — *Les quatre livrets utiles et amusants;*
(La Rochelle, in-8°, 58 pages, 3 planches).

1802. Marti. — *Taquigrafia Castellana, ò arte de escribir con tanta velocidad como se habla*, etc.;

1804. F. Thouard. — *Nouvelle Méthode de Sténographie.*

1804. Coulon-de-Thévenot. — *Méthode d'abréviations, adaptée à la Tachygraphie;*
(Paris, in-4°, 30 pages).

1808. Ch. Barbier. — *Principes d'Expéditive Française*, etc.
(Paris, in-8°, 76 pages, 2 planches).

1809. Emilio Amanti. — *Stenografia, Sistema-Taylor, adattato lingua italiana*, etc.;
(Paris, in-8°, 158 pages, 8 planches).

1809. Ch. Luc. — *Phonographie.*

1811. A. Bertini. — *Stigmatographie suivie de la Mélographie;*
(Paris, grand in-8°, 12 pages.

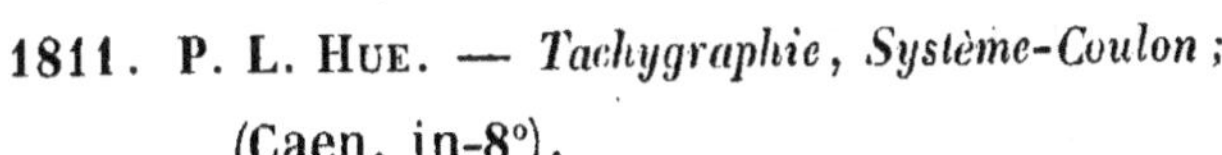

1811. P. L. Hue. — *Tachygraphie, Système-Coulon;* (Caen, in-8°).

1811. Zalkind-Hourwitz. — *Lacographie ou Ecriture laconique;* (Paris, in-8°, 86 pages).

1812. T. H. Main. — *Echographie universelle.*

1812. Lewis. — *Méthode Sténographique;* (publiée en Angleterre).

1813. P. M***. et B***. — *Sténokygraphie, pour écrire aussi vite que la parole;* (Basse-Terre-Guadeloupe, in-8°, 30 pages, 3 planches).

1813. Conen-de-Prépéan. — *Sténographie exacte,* etc.; (Paris, in-8°, 171 pages, 12 planches).

1816. F. J. Astier. — *Graphrodomie, ou Ecriture cursive,* etc.; (Paris, in-8°, 138 pages, 13 planches).

1816. Anonyme. — *Traité de Sténographie;* (publié à Bayonne).

1816 De Lateyssonnière. — *Traité Tachygraphique.*

1817. Henri Guégan. -*Analyse de la Tachygraphie française;* (Paris, in-8°, 32 pages, 4 planches).

1818. J. M. Mahié. — *La Clef du Sténographe.*

1819. Patey. — *Tachéographie (système-Coulon);* (Paris, in-8°, 18 pages).

1819. Horstig. — *Lehrburch der deutschen stenographie;* (Manuel de la Sténographie allemande, publié à Iena).

1819. Étienne Vidal. — *Notographie;* (Paris, in-4°).

1822. Aimé Paris. — *Exposé des Principes de Sténographie;* (Paris, in-12).

1823. William Harding. — *Universal Stenography*, etc.; (London, in-12, 24 pages, 3 planches).

1824. A. Grosselin. — *Vocabulaire Sténographique (système-Taylor);* (Paris, in-8°, 386 pages).

1825. A. Bébian. — *Mimographie, essai d'écriture mimique;* (Paris, in-8°, 46 pages, 3 planches).

1825. P. R. E. L. — *Brachygraphie;* (publiée à Caen).

1826. Anonyme. — *Nouveau Système de Phonégraphie;* (Saint-Quentin, broch. in-8°).

1826. Astier. — *Sténographie, système imité de l'écriture usuelle;* (Paris, in-8°, 42 pages, 11 planches).

1826. A. Boisduvral et H. Lecoq. — *Tacholographie, méthode d'éerire anssi vite que la parole*, etc.; (Paris, in-8°, 35 pages).

1826. C. Petitpoisson. — *La Sténographie, suivie de la Chirologie;* (Strasbourg et Paris, petit in-8°, 42 pages, 4 planches).

1826. Recoing. — *Nouvel Essai de Sténographie;* (brochure in-8°, 34 pages, 5 planches).

1827. Anonyme. — *Sténographie en une seule leçon;* (Marseille, in-8°, 8 pages).

1827. Anonyme. — *Signes de la Sténographie;* (Paris, in-plano, une demi-feuille, litographiée).

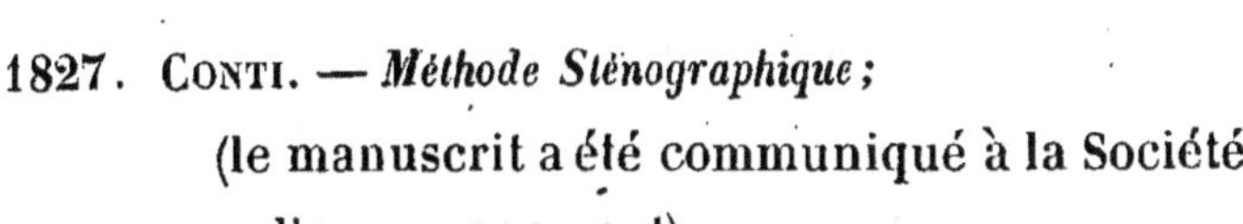

1827. Conti. — *Méthode Sténographique;*
(le manuscrit a été communiqué à la Société d'encouragement).

1827. Melle Coulon de Thevenot. — *Abrégé de la Tachygraphie;*
(Paris, brochure in-12).

1827. A. T. Desmanets. — *Phonographie Sténographique;*
(Paris, in-12, lithographiée).

1827. Dr Erdmann. — *Nouveau Système de Sténographie;*

1828. E. Cadrès Marmet. — *Sténographie simplifiée;*
(Paris, petit cahier in-18).

1828. Hippolyte Prévost. — *Nouveau Système de Sténographie,* etc.
(Paris, 3me édit., in-12, 47 pages, 4 planch.).

1829. F.... et B. Dutertre. — *Ecriture aussi prompte que la parole;*
(Paris, in-8°, 30 pages, 2 planches).

1829. A. Fossé. — *Cours Théorique et Pratique de Sténographie,* etc.;
(Paris, in-8°, 172 pages, 3 planches).

1829. G. D. Lagache. — *La Sténographie, Méthode simplifiée;*
(Amiens, in-8°, 87 pages, 4 planches).

1829. E. T. T. Vidal. — *La Sténographie* (*Méthode Notographique inventée en* 1819);
(Marseille, in-8°, 127 pages, 28 planches).

1830. Ch. Barbier. — *Tachygraphie Typographique;*
(Paris, in-12).

1830. Grandpierre. — *La Sténographie mise à la portée de tout le monde;*
(Paris, in-8°, 8 pages, lithog.).

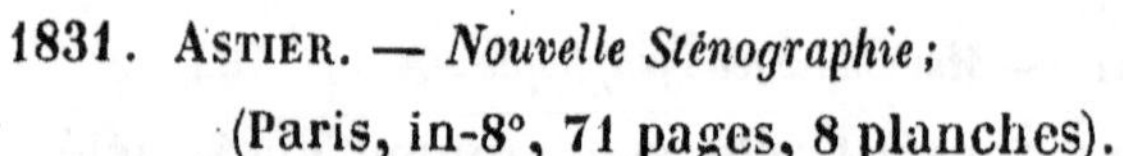

1831. ASTIER. — *Nouvelle Sténographie;*
(Paris, in-8°, 71 pages, 8 planches).

1831. JOMARD. — *Comparaison des Méthodes Tachygraphiques et Sténographiques;*
(Paris, in-8°, 43 pages, 2 planches).

1832. ANONYME. — *Vocographie et Vocotypographie;*
(Paris, in-8°, 67 pages, 2 planches).

1832. Ch. BARBIER. — *Expéditive Française, typographie privée;*
(Paris, in-8°, 28 pages).

1832. CARPENTIER, fils. — *Sténographie, Système Taylor.*

1832. L. F. FAYET. — *Nouvelle écriture et Sténographie;*
(Paris, grand in-8°, 16 pages, 3 planches).

1832. D. A. GONTIER. — *Echographie.*

1832. Ed. LEUGE D. — *Sténographie élémentaire;*
(Paris, in-8°, 8 pages, 6 planches).

1832. J. PAINPARÉ et F. LUPIN. — *Instruction sur la Typophonie;*
(Paris, in-8°, 36 pages, 1 planche):

1832. PATEY. — *Sténographie des Sténographies;*
(Paris, in-8°, 95 pages, 7 planches).

1833. CONEN DE PRÉPÉAN. — *Sténographie* (Modification du système publié en 1813);
(Paris, in-8°, 74 pages, 5 planches).

1833. L. J. DUBLAR. — *Zigzagraphie;*
(Paris, in-8°, 10 pages, 1 planche).

1834. Hyp. PRÉVOST. — *Nouveau Système de Sténographie;*
(Paris, 4me édit., in-18, 90 pages, 2 planch.).

1836. L. P. L. CHAUVIN. — *Nouveau Système de Sténographie;*
(Paris, in-8°, 96 pages, 6 planches).

1836. PICART. — *Traité de Sténographie;*
(Paris, in-8°, 65 pages, signes sténographiques imprimés dans le texte).

1836. N. SENOCQ. — *Système complet de Sténographie;*
(Paris, in-8°, 16 pages, 2 planches, 4me édition).

1838. ASTIER. — *Sténographie rationelle.*

1839. L. A. MARTIN. — *Système nouveau et complet de Sténographie.*

1839. E. MIDY. — *Sténographie nouvelle;*
(Paris, in-8°, 23 pages, 1 planche).

1840. BOUTIN. — *Leçons de Sténographie d'un précepteur à son élève;*
(Toulouse, in-12).

1840. J. E. V. BULLY. — *Simplification de l'Ecriture;* etc.;
(Paris, in-8°, 16 pages, 1 planche).

1840. L'abbé F. N. PAGET. — *Okygraphie Sacrée, nouveau cours de Sténographie;*
(Lyon, in-8°, 116 pages, 2 planches).

1840. PATEY. — *Typosténographie, art d'écrire aussi vite que la pensée;*
(Paris, in-8°, 16 pages, et 8 pages typosténographiées).

1841. POUDRA. — *Sténographie des Sténographies;*

1842. L'abbé DÉHÉE. — *Essai d'Alphométrie appliquée à la Sténographie;*
(Paris, in-8°, 56 pages, 4 planches).

1842. N. SENOCQ. — *Système complet de Sténographie;*
(Paris, grand in-8°, 40 pages, 3 planches, 7e édition, lithographiée).

1842. Joseph Dubois. — *Sténographie usuelle, manière d'abréger l'écriture ordinaire;*
(Paris, in-8°, décembre 1842).

1842. Alexandre Gossart. — *Traité élémentaire de Sténographie;*
(Paris, in-12, avec des exemples gravés dans le texte).

1843. C. Chesnier-D. — *Les Hiéroglyphes français contenant la plus simple des Sténographies;*
(Paris, grand in-8°, caractères gravés dans le texte).

1843. B. H. Dasseville. — *Dassevillégraphie, art de peindre sa pensée aussi vite que la parole;*
(Rouen, in-12, 101 pages, signes autographiés dans le texte).

1843. Dumond. — *Sténographie;*
(Paris, in-8°).

1843. Patey. — *Typosténographie;*
(Paris, in-8°, 2e édition).

1844. Mlle Coulon de Thévenot. — *Tachygraphie.*

1845. J. Plantier. — *Nouvelle Sténographie;*
(Paris, 4 feuilles, 16 pages grand in-8°).

1846. G. Couvrat. — *Nouveaux éléments de Sténographie;*
(Paris, in-8°, 64 pages, signes autographiés dans le texte).

1846. Pottier Gruson. — *Sténographie des gens du monde;*
(Paris, in-12, 264 pages, signes gravés dans le texte.

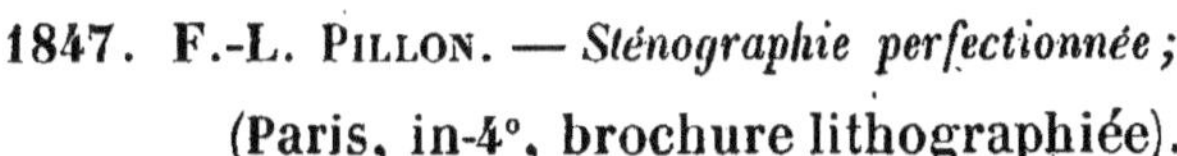

1847. F.-L. PILLON. — *Sténographie perfectionnée ;*
(Paris, in-4°, brochure lithographiée).

1847. TOUSSAINT MICHEL. — *Méthode populaire de Sténographie ;*
(Paris, petit in-18, 7 pages).

1849. Ch. TONDEUR. — *Méthode éclectique de Sténographie*, etc.
(Paris, in-12, lithographiée).

1849. SCOTT DE MARTINVILLE. — *Histoire de la Sténographie, suivie du programme d'une écriture abréviative ;*
(Paris, in-8°, 160 pages, signes imprimés dans le texte).

1850. J. PAINPARÉ. — *Typophonie française*, etc.;
(Paris, in-8°, 32 pages, 1 planche, 4e édition).

Ne connaissant, que de nom, les Méthodes sténographiques de MM. Dujardin, Jacques Jaumes, Pascal Jourdain, Payen, Mialle et Sylvin, il nous a été impossible de les classer dans notre nomenclature.

Il est très-difficile de se procurer les publications sténographiques. La plupart, étant tirées à un petit nombre d'exemplaires, sont peu répandues dans le commerce, et il nous a fallu vingt ans pour former notre collection.

Quant à la Bibliothèque imperiale, qui devrait posséder un exemplaire des productions intellectuelles, en tout genre; malgré nos demandes réitérées et nos instances pressantes, elle n'a pu nous communiquer aucun traité moderne sur la Sténographie.

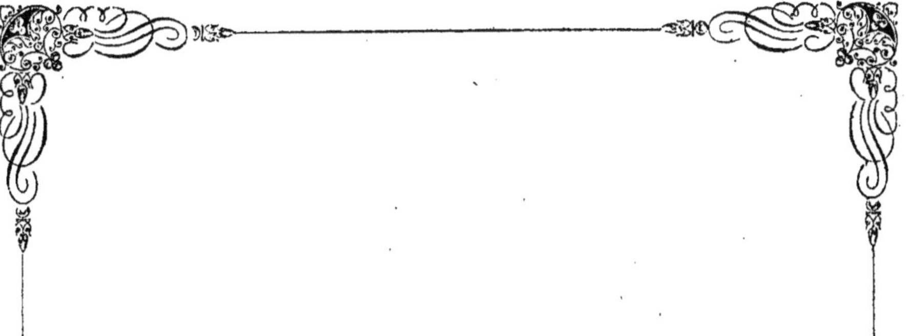

STÉNOGRAPHIE DES PRINCES;

Méthode Abréviative

RÉDUITE A SEIZE SIGNES,

RENFERMÉE DANS NEUF MOTS :

SAVOIR CES NEUF MOTS, C'EST POSSÉDER LA DEWIKOGRAPHIE.

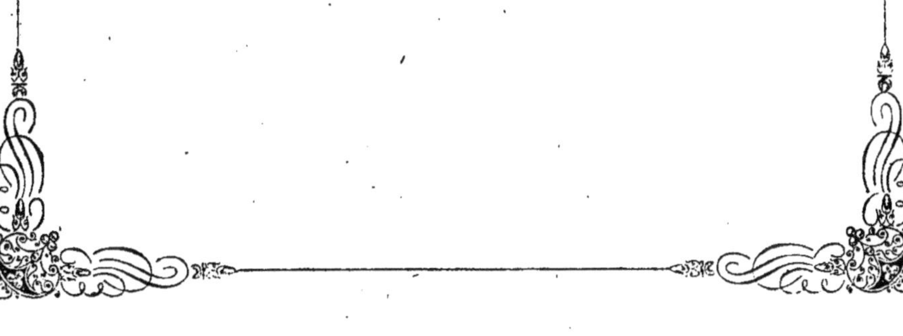

AVANTAGES

DE LA

DEWIKOGRAPHIE.

Si l'on considérait sérieusement l'utilité, l'agrément et les avantages immenses de la Dewikographie, on regretterait bien vivement de ne pas posséder un art aussi indispensable, un talent aussi précieux.

L'emploi de la Dewikographie est de tous les instants.

On en ressent le besoin dans toutes les professions, dans toutes les classes de la société, dans toutes les positions de la vie, dans tous les âges. Elle convient à celui qui a beaucoup de relations, comme à celui qui vit dans la retraite; à l'homme privé, penseur et observateur, comme à l'homme public; au jeune homme ainsi qu'à l'homme mûr; à celui qui voyage beaucoup et à celui qui est sédentaire.

La Dewikographie sextuple le temps.

On peut en une heure exécuter un travail qui exigerait six heures avec l'écriture habituelle.

Pour brouillonner une esquisse de lettre, pour copier des extraits, pour les mille riens, pour les futilités ordinaires de la vie, pour les affaires journa-

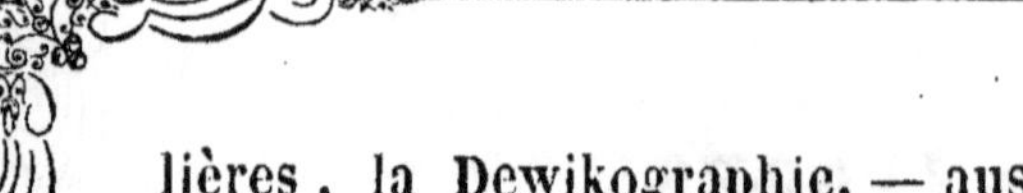

lières, la Dewikographie, — aussi prompte que la pensée, aussi rapide que la parole, — est l'interprète le plus commode et le plus sûr.

L'étudiant peut recueillir textuellement les savantes leçons des professeurs les plus célèbres.

L'avocat, peut réfuter victorieusement, *notes en main*, les dires de son adversaire.

Le greffier peut reproduire exactement la déposition des témoins et les considérants d'un jugement.

Le journaliste peut saisir, à la première audition, un discours, un sermon, une improvisation, une poésie.

L'homme de cabinet peut s'abandonner au jet de son génie, et suivre sans embarras le torrent de ses idées. — Que d'inspirations étouffées par la lenteur de l'écriture vulgaire!

La Dewikographie, considérée comme *écriture secrète*, peut défier l'œil indiscret de la domesticité, et les Dames pourront, en toute confiance, dewikographier sur leur calepin leurs notes particulières.

La Dewikographie, d'une exécution légère et facile, d'une forme gracieuse et charmante, plaît à l'œil.

Considérée comme écriture de la bonne société, elle est enseignée dans les premières institutions des grandes capitales;

Et elle est le complément obligé d'une belle éducation.

Première Partie.

THÉORIE DES SIGNES PRIMITIFS.—MAJUSCULES.

PREMIÈRE DÉMONSTRATION.

PARIS. =

Ligne perpendiculaire qui se trace de haut en bas... P

Signe arrondi qui a la forme d'un petit cercle.... A

Délié oblique montant de gauche à droite....... R

Demi-cercle très-petit tracé de gauche à droite.... I

Lettre supprimée, parce qu'elle ne se prononce pas... S

Un système d'abréviations, quelqu'il soit, est basé sur ce principe, *écrire comme l'on parle*, c'est-à-dire supprimer toutes les lettres nulles dans la prononciation.

L'*e* muet se supprime toujours.

MODÈLE D'EXÉCUTION.

Pas.	Riz.	Part.	Râpe.
Pape.	Papa.	Pipe.	Pire.
Prix.	Appris.	Appas.	Apparat.

DEUXIÈME DÉMONSTRATION.

TOURS. =

Plein oblique descendant de gauche à droite..... T
Petit demi-cercle voûté de gauche à droite...... OU
Délié oblique montant de gauche à droite...... R
Lettre supprimée parce qu'elle ne se prononce pas.. S

De prime-abord, les lignes T et R semblent se confondre et produisent une certaine hésitation. Cette équivoque momentanée disparaîtra promptement en exécutant ces deux signes plusieurs fois de suite, et en se pénétrant profondément de ces deux observations : { T se trace en descendant, R en montant. T est un plein, R est un délié.

MODÈLE D'EXÉCUTION.

Toux.	Roue.	Tas.	Rat.
Par.	Patte.	Râpe.	Tape.
Pris.	Petit.	Apre.	Apt.

TROISIÈME DÉMONSTRATION.

Foix. =

Plein oblique descendant de gauche à droite.... F

Petit demi-cercle voûté se traçant de gauche à droite.................................... OU

Signe arrondi qui a la forme d'un petit cercle... A

Saisir la parole et peindre les sons, tel est notre but. Or, la voyelle OI fait entendre le double son OU A; il est donc rationnel de l'écrire ainsi, puisqu'en Dewikographie *on écrit comme l'on parle.*

EXEMPLE :

Pois. Poix.

Roi. Roye.

Toi. Toit.

Foie. Foix.

MODÈLE D'EXÉCUTION.

Paroi.	Patois.	Proie.	Troyes.
Arroi.	Poire.	Foire.	Tiroir.
Poids.	Froid.	Trois.	Trottoir.

QUATRIÈME DÉMONSTRATION.

—

Seurre. = —/

Ligne horizontale tracée de gauche à droite..... S —

Petit demi-cercle tracé de haut en bas.......... EU ↄ

Lettre supprimée parce qu'elle ne se prononce pas... R

Délié ascendant de gauche à droite............ R /

L'*e* muet se supprime toujours................. E

Chaque consonne entraîne après elle le son naturel de l'*e* muet.

Il faut donc, en traduisant la Dewikographie, se souvenir de ce principe : *Une consonne, — quand elle n'est accompagnée d'aucune voyelle, — prend le son de l'*e *muet.*

Ainsi on prononce : *pe,* — *te,* — *fe,* — *se,* — *re,* — etc.

Et on écrit : | / \ — /

MODÈLE D'EXÉCUTION.

Pouce.	Trousse.	Source.	Route.
Proue.	Troupe.	Tourte.	Soupe.

CINQUIÈME DÉMONSTRATION.

Autun. =

Grand cercle rond, oblong, ovale (*à volonté*)..... Au

Plein oblique descendant de droite à gauche.... T

Demi-cercle vertical semblable à un petit *c*..... U

Le signe *u pointé* prend le son nasal........... UN

Le point se place où l'on veut, dessus, dessous, à droite, à gauche.

La différence des deux signes, représentant les voyelles *o* et *a*, est tellement frappante, qu'elle saute à l'œil avant même que l'on en soit averti. La boucle la plus grande représente *o*, et la boucle la plus petite représente *a*.

MODÈLE D'EXÉCUTION.

Part.	Port.	Tard.	Tort.
Fard.	Fort.	Sarre.	Sort.
Tape.	Taupe.	Repas.	Repos.

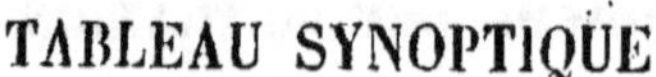

TABLEAU SYNOPTIQUE

DES

SIGNES PRIMITIFS — MAJUSCULES.

Pour acquérir, sans difficulté, le talent de la Dewikographie, on s'appliquera à exécuter souvent les *cinq monogrammes* présentés comme types mnémoniques.

PARIS rappelle la perpendiculaire............ |

TOURS — l'oblique de droite à gauche... /

FOIX — l'oblique de gauche à droite.... \

SEURRE — l'horizontale................. —

AUTUN — le grand cercle............... O

Enfin, on se familiarisera avec le délié ascendant. /

Ce qui donne :

Le triangle, 4 signes........................ /|\ —

Le cercle, 1 signe........................ O

Le délié, 1 signe........................ /

—

En tout : 6 signes, qui constituent les éléments naturels de la Dewikographie.

Suite de la Première Partie.

THÉORIE DES SIGNES PRIMITIFS — MINUSCULES.

SIXIÈME DEMONSTRATION.

Quimper. =

Ligne perpendiculaire (*diminutif du* P)........... Q

Le signe i *pointé* prend le son nasal............. IM

Le point se place à volonté, dessus, dessous, à droite, à gauche.

Ligne perpendiculaire tracée de haut en bas... P

Petit délié ascendant (diminutif du R).......... E

Délié oblique montant de gauche à droite...... R

Le signe de la voyelle *é* est très-facile et extraordinairement rapide, excepté quand il est en contact avec le signe du *r*.

Quand les signes *é* et *r* se rencontrent, on laisse subsister une petite séparation.

Quand ils se rencontrent à la fin d'un mot, on trace *é* dans le sens opposé du *r*.

MODÈLE D'EXÉCUTION.

Terre.	Fer.	Serre.	Équerre.
Apprêt.	Attrait.	Secret.	Créé.
Épée.	Été.	Effet.	Essai.

SEPTIÈME DÉMONSTRATION.

Nantua. =

Plein oblique descendant de droite à gauche (*diminutif du* T).. N

Le signe *a pointé* prend le son nasal............ AN

Le point se place à volonté, dessus, dessous, à droite, à gauche.

Plein oblique descendant de droite à gauche... T

Demi-cercle vertical semblable à un petit *c*..... U

Signe arrondi qui a la forme d'un petit cercle... A

Le son *an*, sans égard aux variations orthographiques, est toujours reproduit par le même signe.

MODÈLE D'EXÉCUTION.

Encan.	Encens.	Enfant.	Empan.
Pente.	Tente.	Fente.	Sente.
Arpent.	Tante.	Franc.	Santé.

HUITIÈME DÉMONSTRATION.

—

Montfort. =

Plein oblique descendant de gauche à droite (*diminutif du* F)............................ M

Le signe *o pointé* prend le son nasal............ ON
Le point se place à volonté, dessus, dessous, à droite, à gauche.

Lettre supprimée parce qu'elle ne se prononce pas...................................... T

Plein oblique descendant de gauche à droite.... F

Grand cercle rond, oblong, ovale, à volonté..... O

Délié oblique, montant de gauche à droite...... R

Lettre supprimée parce qu'elle ne se prononce pas...................................... T

Quelle que soit la manière dont s'écrive le son *on*, il est figuré par le même signe.

MODÈLE D'EXÉCUTION.

Pont.	Fond.	Son.	Rond.
Nom.	Non.	Mon.	Mont.
Prompt.	Tronc.	Trompe.	Front.

NEUVIÈME DÉMONSTRATION.

—

Lons-le-Saunier. = [shorthand]

Ligne horizontale de gauche à droite (*diminutive du S*).. L –

Le signe *o pointé* prend le son nasal............ ON ʘ

Ligne horizontale tracée de gauche à droite..... S —

Ligne horizontale de gauche à droite (*diminutive du S*).. LE –

Ligne horizontale tracée de gauche à droite.... S —

Grand cercle rond, oblong, ovale (à volonté).... AU O

Petite ligne oblique (*diminutive du* T)............. N /

Demi-cercle très-petit tracé de gauche à droite.... I ◡

Petit délié (*diminutif du* R)...................... E /

Lettre supprimée parce qu'elle ne se prononce pas.. R

MODÈLE D'EXÉCUTION.

Pâle.	Pelle.	Pile.	Pôle.
Salle.	Selle.	Sil.	Sole.
Malle.	Melle.	Mille.	Môle.

ENSEMBLE DU SYSTÈME.

La Dewikographie réalise un progrès très-important, et qui lui assure une supériorité incontestable sur toutes les autres Sténographies.

Sans s'écarter des *quatre* lignes du triangle..... /_\

de la figure du cercle........... o

et du délié ascendant........... /

Sa théorie se divise en deux séries de signes qui ont pour base une proportion relative.

Les signes les plus grands se nomment *Majuscules*.
Les signes les plus petits se nomment *Minuscules*.

CONCORDANCE.

Majuscules.		Minuscules.
P, |	....	| Q,
T, /	....	/ N,
F, \	....	\ M,
S, —	....	- L,
O, O	....	o A,
R, /	....	/ E,

Ajoutons à ces douze signes quatre petits demi-cercles représentant les voyelles.

Prenons le petit cercle (o) comme caractère radical.
Coupons-le horizontalement en deux parties égales,

Nous obtenons : partie supérieure..... ⌒

partie inférieure...... ‿

Coupons-le verticalement en deux parties égales,

Nous obtenons : partie gauche........ (

partie droite.........)

Ce qui nous donne un total de *seize signes* qui suffisent pour reproduire textuellement tous les sons de la parole et tous les mots d'une langue.

PREMIÈRE RÉCRÉATION.

—

Différence entre la majuscule, P
et la minuscule, Q

—

Paquet......	p	a	q	è
Piquet.......	p	i	q	ê
Coupé.......	c	ou	p	é
Copie........	c	o	p	i
Copeau......	c	o	p	o

Différence entre la majuscule, T
et la minuscule, N

—

Tannée......	t	a	n	é
Tonneau.....	t	o	n	o
Neutre......	n	eu	t	re
Nitre........	n	i	t	re
Nota........	n	o	t	a

Différence entre la majuscule, F
et la minuscule, M

—

Fameux....	f	a	m	eu
Flamme....	f	l	a	me
Forme......	f	o	r	me
Fumant.....	f	u	m	an
Fumée......	f	u	m	é

Différence entre la majuscule, F
et la minuscule, M

—

Salins......	s	a	l	in
Salon.......	s	a	l	on
Salut.......	s	a	l	ut
Leste.......	l	e	s	te
Liste.......	l	i	s	te

DEUXIÈME RÉCRÉATION.

Différence entre le plein .... T
et le délié .... R

Différence entre la majuscule, O
et la minuscule, A

Rateau	r	a	t	o
Retard	re	t	a	r
Retour	re	t	ou	r
Tarte	t	a	r	te
Tourte	t	ou	r	te

Accord	a	c	o	r
Alose	a	l	o	se
Arôme	a	r	ô	me
Opale	o	p	a	le
Opaque	o	p	a	que

Différence entre la majuscule, R
et la minuscule, E

Différence entre la majuscule, *On*
et la minuscule, *An*

Epars	é	p	a	r
Ecart	é	c	a	r
Ecran	é	c	r	an
Eperon	é	pe	r	on
Essor	é	s	o	r

Content	c	on	t	an
Centon	c	en	t	on
Menton	m	en	t	on
Pensons (*nous*)	p	en	s	on
Tampon	t	an	p	on

TROISIÈME RÉCRÉATION.

Différence entre le demi-cercle ⌒ *Ou et le demi-cercle* ⌣ *I.*

Coutil.......	c ou t i
Fouine.......	f ou i ne
Houssine.....	ou s i ne
Poulie.......	p ou l i
Souris.......	s ou r i

Différence entre le demi-cercle ‹ *U et la partie droite......* › *Eu*

Fumeux......	f u m eu
Huileux......	u i l eu
Humeur......	u m eu r
Lueur........	l u eu r
Sueur........	s u eu r

Le son Ê, *écrit par* ais, ait, aix, *etc., est reproduit par le petit délié É*

Accès........	a c s ê
Apprêt.......	a p r ê
Attrait.......	a t r ê
Caquet.......	c a q ê
Palais........	p a l ê

Le son O, *écrit par* au, aux, os, *etc., est reproduit par le grand rond* O

Accroc.......	a c r o
Canot........	c a n o
Fanaux.......	f a n o
Rameau......	r a m o
Sirop.........	s i r o

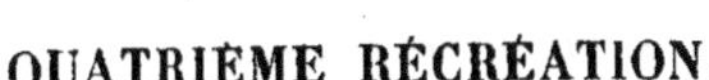

QUATRIÈME RÉCRÉATION.

Le son Oi, *écrit par* oid, oie, *etc.*, *est reproduit par le signe*, *Oua*

Empois.......	en p ou a
Croit (il)......	c r ou a
Croix.........	c r ou a
Froid.........	f r ou a
Proie.........	p r ou a

Le son Oin, *écrit par* oing, *etc.*, *est reproduit par le composé Ouin*

Coing.........	c ou in
Loin..........	l ou in
Soin..........	s ou in
Appoint.......	a p ou in
Au moins......	au m ou in

Le son In, *écrit par* ain, cin, aim, im, *etc.*, *est reproduit par le signe pointé.......... In*

Enceinte....	en c in te
Instinct......	in s t in
Moulins.....	m ou l in
Pimpant.....	p in p an
Certain......	ce r t in

Le son Un, *écrit par* ung, *etc.*, *est produit par u pointé.... Un*

Alun........	a l un
Aucun.......	au c un
Melun.......	me l un
Commun.....	c o m un
Emprunt.....	em p r un

Deuxième Partie.

THÉORIE DES SIGNES SIMILAIRES — MAJUSCULES ET MINUSCULES.

COMPLÉMENT DIDACTIQUE.

Les *seize signes primitifs*, ainsi que nous l'avons vu dans les précédentes démonstrations, sont les éléments logiques et rationnels de la Dewikographie. Une personne initiée au mécanisme de la linguistique, peut, à l'aide de l'intelligence et du raisonnement, reproduire la parole et exprimer tous les sons, sans le concours d'aucun autre caractère.

Cependant, — pour faciliter l'étude de la théorie, pour se mettre à la portée de tous les âges et de toutes les intelligences, — on a créé des caractères auxiliaires connus sous la dénomination de *signes similaires*.

Les *signes similaires* sont ainsi nommés, parce qu'ils ont une identité relative et une similitude phonique avec les *signes primitifs*.

On distingue les *similaïres* d'avec les *primitifs* au moyen d'une *ligne sécante* qui coupe, et qui traverse les caractères primitifs.

La *sécante* est indispensable aux très-jeunes élèves.

On l'emploie dans les noms propres d'hommes et de villes, dans les mots techniques de science et d'art, et chaque fois qu'un mot présente doute ou amphibologie.

Mais, — dans l'exécution rapide, — *on doit*, autant que possible, *supprimer la sécante*, et s'affranchir de son entrave

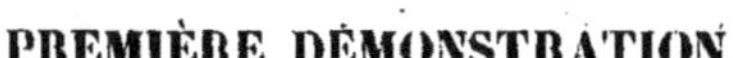

PREMIÈRE DÉMONSTRATION.

—

Changement du **P** | *en* ǂ **B.**

—

Paimbœuf. =

Étudié pour la première fois dans le mot *Paris*... P, |

Étudié pour la première fois dans le mot *Quimper*. AIM,

Signe *similaire* du *p* avec une sécante......... B, ǂ

On appelle sécante la petite ligne qui coupe le signe primitif.

Étudié pour la première fois dans le mot *Seurre*. EU,

Étudié pour la première fois dans le mot *Foix*.. F,

La sécante qui coupe le caractère primitif, est tout-à-fait accessoire, on peut la supprimer sans inconvénient, la phrase se traduit tout aussi facilement.

EXEMPLE :

La *p*onté contri*p*ue au *p*onheur.

Cette prononciation étrange, bizarre, à la manière allemande, est fort originale; mais la phrase n'en est pas moins compréhensible.

DEUXIÈME DÉMONSTRATION.

—

Changement de **T** / *en* / **D.**

—

Ostende. =

Étudié pour la première fois dans le mot *Autun*... O,

Étudié pour la première fois dans le mot *Seurre*.. S,

Étudié pour la première fois dans le mot *Tours*... T,

Étudié pour la première fois dans le mot *Nantua*. EN,

Signe *similaire* du *t* avec une sécante.......... DE,

La sécante, comme nous l'avons déjà observé, se supprime à volonté, et son omission ne nuit en rien à la clarté de la phrase.

EXEMPLE :

*T*ans le mon*t*e il n'est rien au*t*essus *t*e la ten*t*resse *t*'une mère.

TROISIÈME DEMONSTRATION.

—

Changement du **F** ╲ *en* ╳ **V.**

—

Février. =

Étudié pour la première fois dans le mot *Foix*. . . . . F, ╲
Étudié pour la première fois dans le mot *Quimper*. . É, ′
Signe *similaire* du F avec une sécante. . . . . V, ╳
Étudié pour la premiere fois dans le mot *Paris*. . . . R, ╱
Étudié pour la première fois dans le mot *Paris*. . . . I, ◡
Étudié pour la première fois dans le mot *Quimper*. . E, ′
On supprime parce qu'il ne se prononce pas. . . . R,

Ne perdons pas de vue que l'on doit, le plus tôt possible, omettre la sécante.

Il existe entre F et V une similitude phonique tellement frappante et tellement exacte qu'il est impossible de s'y méprendre.

Exemple :

Le mois d'a*f*ril est très-plu*f*ieux et très-*f*enteux.

QUATRIÈME DÉMONSTRATION.

—

Changement du **S** —— *en* —+— **Z.**

—

SÉZANNE. = —⌐+ʃ

Étudié pour la première fois dans le mot *Seurre*.... S, ——
Étudié pour la première fois dans le mot *Quimper*... É, /
Signe *similaire* du S avec une sécante........... Z, —+—
Étudié pour la première fois dans le mot *Paris*.... A, o
Étudié pour la première fois dans le mot *Nantua*... NE, /

Le *s* placé entre deux voyelles prend le son du *z*.

D'après cette règle, une foule de mots écrits par *s* prennent la prononciation du *z*.

L'emploi du *s* pour le *z* est donc logique et grammatical, et nous pouvons sans difficulté étendre le domaine du *s*.

EXEMPLE :

Les vents alisés soufflent à l'horison.

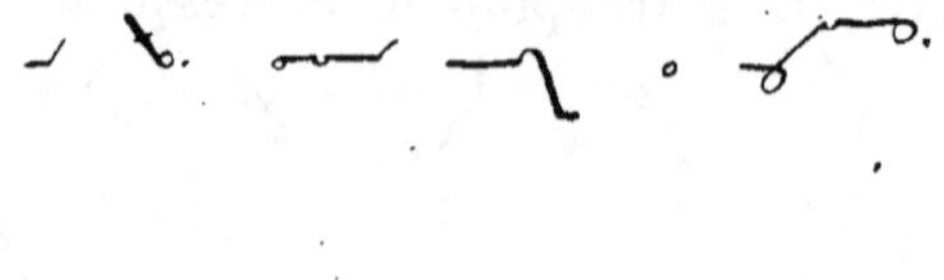

CINQUIÈME DÉMONSTRATION.

Changement du **S** *en* **CH.**

CHALONS. =

Signe *similaire* du *s* coupé par un demi-cercle... CH,
Étudié pour la première fois dans le mot *Paris*... A,
Étudié la première fois dans *Lons-le-Saulnier*..... L,
Étudié la première fois dans le mot *Montfort*.... ON,
On supprime *s*, parce qu'il est nul.

La corrélation phonique existante entre le *s* et le *ch* permet de supprimer, *à volonté*, la sécante.

Ce nouvel exemple justifie pleinement la correspondance établie entre les primitifs et les similaires.

EXEMPLE :

Le *s*at *s*er*s*e dans *s*aque *s*ambre la souris qui se ca*s*e.

Cette prononciation enfantine, qui sied si bien à la naïveté du jeune âge, se comprend très-facilement.

SIXIÈME DÉMONSTRATION.

—

Changement du **S** ___ *en* **J.**

—

Limoges. =

Étudié la première fois dans *Lons-le-Saulnier*...... L, -
Étudié pour la première fois dans le mot *Paris*..... I,
Étudié pour la première fois dans le mot *Montfort*... M,
Étudié pour la première fois dans le mot *Autun*.... O, ○
Similaire du S coupé par un petit demi-cercle.... JE,
Le *s* supprimé parce qu'il ne se prononce pas.

Le rapport du S et du J (sans être aussi direct et aussi frappant que celui du S et du Ch), se comprend très-facilement. Entre ces trois lettres S ___ Ch ___ J ___, il existe une similitude relative qui aide l'intelligence, et qui facilite la traduction.

Exemple :

Aux yeux du *sase*, la vie est un sonse passaser qui

se soue de l'imasination.

SEPTIÈME DÉMONSTRATION.

Changement du **Q** *en* **G.**

Gap. =

Signe relatif du Q avec une sécante.............. G,

Étudié pour la première fois dans le mot *Paris*...... A,

Étudié pour la première fois dans le mot *Paris*...... P,

Entre le Q et le G, rapport frappant, similitude irrécusable. On peut, en toutes circonstances, substituerle Q au G. Entre ces deux signes, jamais de doute ni d'hésitation.

Exemple :

La mort auqmente la qloire d'un qrand homme.

Qui aspire aux qrandeurs et à la qloire doit être qrand et qlorieux par ses actions.

Ce petit qamin est si qourmand qu'il a mangé une qrosse qalette comme un petit qlouton.

HUITIÈME DÉMONSTRATION.

—

Changement du **N** / *en* ✗ **Gn.**

—

Perpignan. =

Étudié pour la première fois dans le mot *Paris*... P,

Étudié pour la première fois dans le mot *Quimper* E,

Étudié pour la première fois dans le mot *Paris* . . R,

Étudié pour la première fois dans le mot *Paris* . . P,

Étudié pour la première fois dans le mot *Paris*... I,

Signe *similaire* du *n* avec une sécante........... GN,

Étudié pour la première fois dans le mot *Nantua*. AN,

Rien de plus simple et de plus facile à comprendre que le son mouillé *gn*. Au moyen de la sécante, on indique la modification du *gn*, et en la supprimant on retombe dans le caractère primitif.

Exemple :

Le vi*n*eron, quoique i*n*orant, connaît, à certains si*n*es, qu'un savant i*n*ore les influences atmosphériques sur la vi*n*e.

NEUVIÈME DÉMONSTRATION.

—

Changement du **L** — *en* + **Ille.**

—

Marseille. =

Étudié pour la première fois dans le mot *Montfort* M,
Étudié pour la première fois dans le mot *Paris*... A,
Étudié pour la première fois dans le mot *Paris*... R,
Étudié pour la première fois dans le mot *Seurre*.. S,
Étudié pour la première fois dans le mot *Quimper* E,
Signe *similaire* du *l* avec une sécante......... ILLE,

Le son, rebelle et incommode, communément appelé *son mouillé*, produit par l'inflexion vocale du *l* ou des *ll* se mêlant à une voyelle, est indiqué au moyen du mécanisme mis en jeu pour les autres lettres.

La *sécante* se supprime à volonté, et alors on retrouve le signe primitif.

Exemple :

En pratiquant des fou*l*s, on a trouvé une coqui*l*

d'éma*l* dont la forme est pare*l* à celle d'une feu*l*.

PRINCIPES GÉNÉRATEURS.

Pour saisir facilement la généalogie des signes Dewikographiques, il est essentiel de ne pas perdre de vue le classement général de notre système.

Nos caractères se divisent proportionnellement en deux familles *Majuscules* et *Minuscules*.

Au moyen de la corrélation phonique, nous établissons, entre ces deux familles, une seconde filiation sous le nom de *Primitifs* et *Similaires*.

Ces principes générateurs sont démontrés, d'un seul coup-d'œil, dans l'*Alphabet logique de la Dewikographie*.

Mais désirant, autant que possible, lever toutes les difficultés, et simplifier les éléments, nous donnons un second tableau dans lequel nous présentons les signes Dewikographiques mis en rapport avec l'alphabet vulgaire.

Ayons constamment présent à la mémoire cette définition de l'art abréviateur : *Reproduction fidèle du son et peinture exacte de la parole.*

Conséquemment :

G, K, Q, ayant une prononciation semblable, sont figurés par le même signe.

G, prenant le son du J, est figuré par le même signe.

H, se supprime toujours.

Ph, ayant un son équivalent du F, est figuré par le même signe.

T, emprunte parfois le son du S, alors il est figuré par le même signe.

Y, est toujours reproduit par le signe de la voyelle I.

ALPHABET LOGIQUE

DE LA

DEWIKOGRAPHIE.

MAJUSCULES.

Primitifs.	Relatifs.
P	B
T	D
F	V
S	Z

R

Ch J

MINUSCULES.

Primitifs.	Relatifs.
Q	G
N	Gn
M	
L	Ill

VOYELLES.

E

O A Ou I U Eu

On An In Un

Signes Dewikographiques,

MIS EN RAPPORT

AVEC L'ALPHABET VULGAIRE.

A.	L.
An.	M.
B.	N.
C ou	O.
Ch.	*On.*
D.	*Ou.*
E.	P.
Eu.	Q.
F.	R.
G ou	S.
Gn.	T ou
H n'a pas de signe.	U.
I.	*Un.*
ill.	V.
in.	X ou
J.	Y.
K.	Z.

PREMIÈRE RÉCRÉATION.

Ressemblance entre le signe primitif .... P

et le signe similaire . B

P, *traversé par une sécante, devient* B

Pain,	»	»	Bain
Parque,	»	»	Barque
Paume,	»	»	Baume
Pompe,	»	»	Bombe
Poulet,	»	»	Boulet

Ressemblance entre le signe primitif .... F

et le signe similaire . V

F, *traversé par une secante, devient* V

Fente,	»	»	Vente
Fifre,	»	»	Vivre
Feu,	»	»	Vœu
Fil,	»	»	Vil
Fin,	»	»	Vin

Ressemblance entre le signe primitif .... T

et le signe similaire . D

T, *traversé par une sécante, devient* D

Tard,	»	»	Dard.
Titon,	»	»	Didon
Tinte (il),	»	»	Dinde
Toute,	»	»	Doute
Trame,	»	»	Drame

Ressemblance entre le signe primitif .... S

et le signe similaire . Z

S, *traversé par une sécante devient* Z

Bassin,	»	»	Basin
Dessert,	»	»	Désert
Frisson,	»	»	Frison
Lisseur,	»	»	Liseur
Russe,	»	»	Ruse

DEUXIÈME RÉCRÉATION.

Ressemblance, entre le signe primitif .... S
et le signe similaire .... Ch

—

S, *traversé par une sécante, devient* Ch

Saleur,	»	»	Chaleur
Saut,	»	»	Chaud
Soc,	»	»	Choc
Soir,	»	»	Choir
Sou,	»	»	Chou

Ressemblance entre le signe primitif .... S
et le signe similaire .... J

—

S, *traversé par une sécante, devient* J

Sabot,	»	»	Jabot
Salon,	»	»	Jalon
Soie,	»	»	Joie
Sourd,	»	»	Jour
Soute,	»	»	Joute

Ressemblance entre le signe primitif .... Q
et le signe similaire .... G

—

C. *traversé par une sécante, devient* G

Cage,	»	»	Gage
Cardeur,	»	»	Gardeur
Claie,	»	»	Glaie.
Comme,	»	»	Gomme
Coût,	»	»	Goût

Ressemblance entre le signe primitif .... N
et le signe similaire .... Gn

—

N, *traversé par une sécante, devient* Gn

Anneau,	»	»	Agneau
Borne,	»	»	Borgne
Canard,	»	»	Cagnard
Colonne,	»	»	Cologne
Minon,	»	»	Mignon

TROISIÈME RÉCRÉATION.

Ressemblance entre le signe primitif.................. — L
et le signe similaire. + ill

L, *traversé par une secante, devient* Ill

Bal,	»	»	Bail
Filé (une),	»	»	Fille
Mal,	»	»	Mail
Moulé,	»	»	Mouillé
Seul,	»	»	Seuil

Ressemblance entre le signe primitif.................. — S
et le signe similaire. X

X, *par abréviation, devient* S

Dixième,	»	Disième
Excuse,	»	Escuse
Exemple,	»	Esemple
Exercice,	»	Esercice
Expérience,	»	Espérience

*Ressemblance entre le signe primitif.................. * F
et son équivalent... \\ Ph

F *a pour équivalent* Ph

Fard,	»	»	Phare
Filtre,	»	»	Philtre
Falot,	»	»	Phalot
Fanal,	»	»	Phanal
Farfar,	»	»	Pharphar

Récapitulation synoptique et mnémonique des signes similaires.

Bagage,	Billard,	Bouillon
Digne,	Deuil,	Douillet
Vague,	Veille,	Vigne
Change,	Charge,	Chignon
Gaze,	Gorge,	Grange

Deuxième Partie.

MODÈLES D'EXÉCUTION.

DERNIERS CONSEILS.

Notre but, — en développant minutieusement la Théorie, et en l'analysant jusque dans ses moindres détails; — a été d'aplanir les difficultés inévitables qui trop souvent rebutent et fatiguent.....

Actuellement il ne reste plus qu'à acquérir, prestesse et sûreté d'exécution.

Les exercices que nous offrons, comme *Modèles d'exécution*, suffisent pour former un habile Sténographe.

Copiez-les, — recopiez-les, — autant de fois que vous le jugerez convenable.

Exécutez-les de mémoire, ou bien sous la dictée.

Quand vous serez parvenu à les sténographier rapidement, et sans faute; soit de mémoire, soit à la dictée, déjà vous pourrez apprécier les immenses avantages de la Dewikographie.

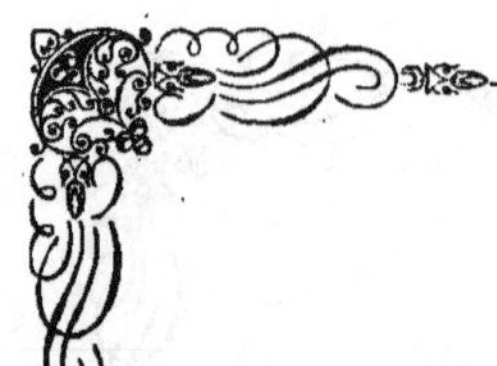

Bonjour, la ville aux cent couleurs,
Souveraine toute-puissante ;
Bonjour, la noble et la charmante,
Reine à la couronne pesante,
Reine à la couronne de fleurs !

Allons, allons, belle coquette,
Belle fée, allons, parez-vous ;
Mettez vos tissus, vos bijoux,
Toutes vos sœurs sont à genoux
Et regardent votre toilette !

Montrez votre art magicien,

Ou, dans votre mise frivole,

Soyez fantasque, soyez folle;

Vous êtes là reine et l'idole,

Et l'on dira toujours : c'est bien !

(Mlle Anaïs SÉGALAS.)

LE VOYAGE.

Fragment.

. . . .

. . . .

III.

A moi donc le voyage,
A moi la liberté !
Votre amour de la plage
C'est la captivité.

Engourdissez la vie,
Moi, je veux la sentir ! —
Le repos vous convie,
Dieu me dit de partir ? —

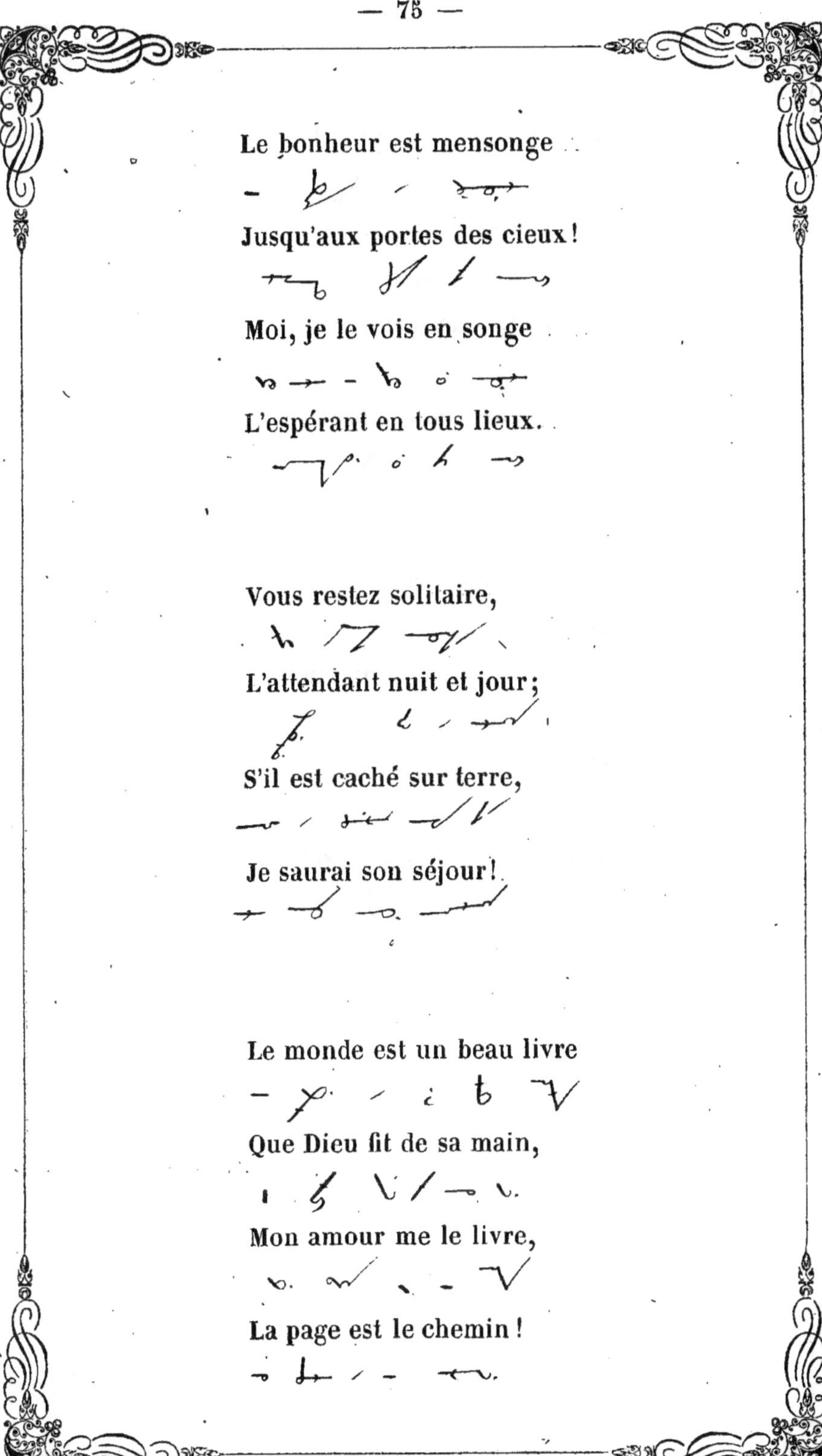

Le bonheur est mensonge
Jusqu'aux portes des cieux!
Moi, je le vois en songe
L'espérant en tous lieux.

Vous restez solitaire,
L'attendant nuit et jour;
S'il est caché sur terre,
Je saurai son séjour!

Le monde est un beau livre
Que Dieu fit de sa main,
Mon amour me le livre,
La page est le chemin!

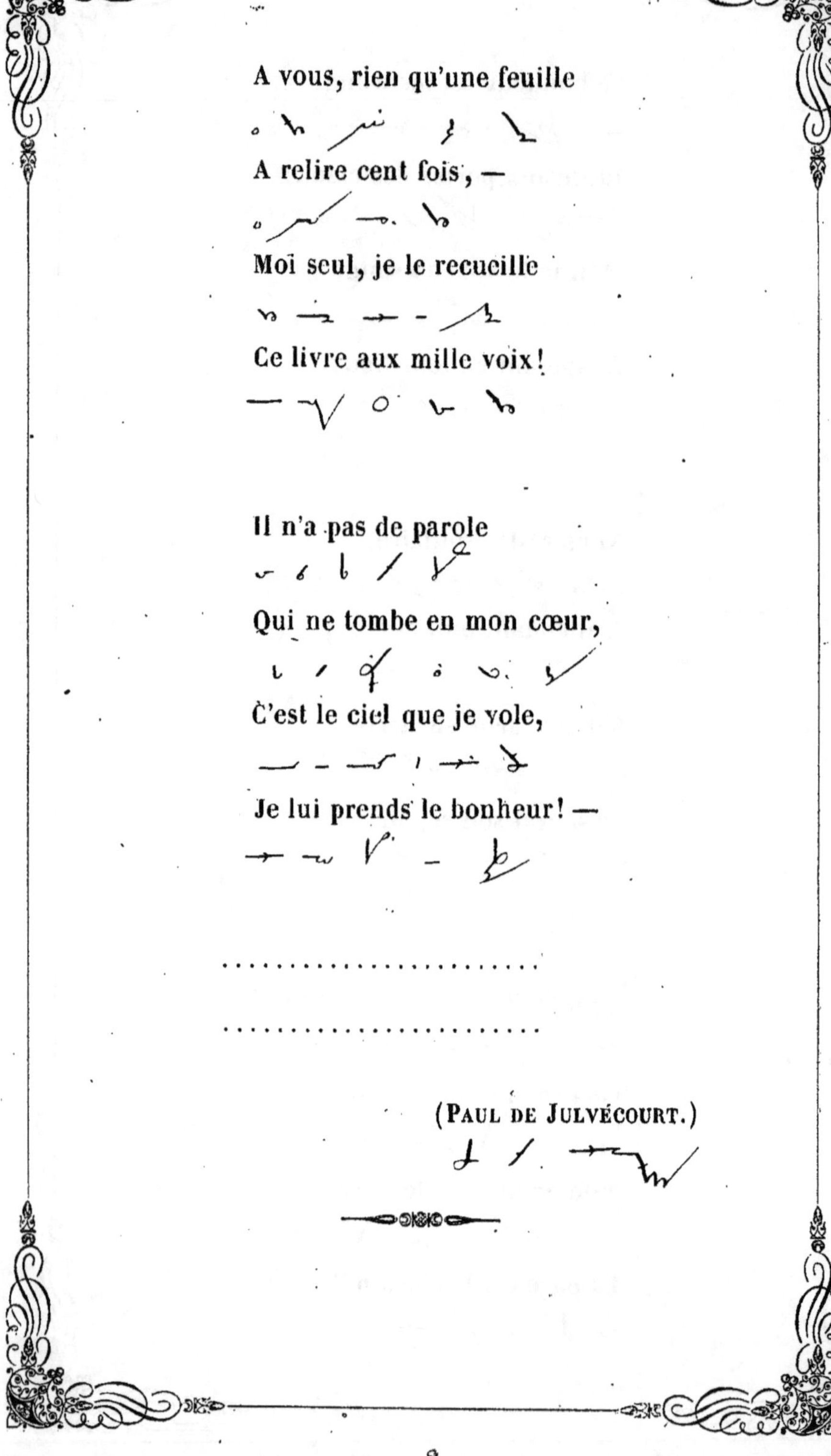

A vous, rien qu'une feuille
A relire cent fois, —
Moi seul, je le recueille
Ce livre aux mille voix!

Il n'a pas de parole
Qui ne tombe en mon cœur,
C'est le ciel que je vole,
Je lui prends le bonheur! —

. . . .

. . . .

(PAUL DE JULVÉCOURT.)

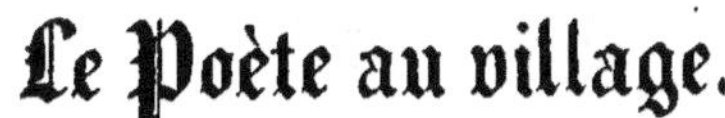

Le Poète au village.

Je sais sur la colline
Une blanche maison;
Une tour la domine;
Un verger d'aubépine
Est tout son horizon.

Le clocher du village
Domine ce séjour;
Sa voix, comme un hommage,
Monte au premier nuage
Que colore le jour.

Signal de la prière,
Elle part du saint lieu,
Appelant la première
L'enfant de la chaumière
A la maison de Dieu.

Au son que l'écho roule
Le long des églantiers,
Vous voyez l'humble foule

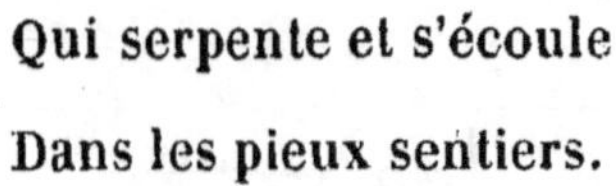

Qui serpente et s'écoule
Dans les pieux sentiers.

C'est la pauvre orpheline
Pour qui le jour est court,
Qui tourne, avant matine,
Pendant qu'elle chemine,
Son fuseau déjà lourd ;

C'est l'aveugle que guide
Le mur accoutumé,
Le mendiant timide,
Et dont la main dévide
Son rosaire enfumé ;

C'est l'enfant qui caresse,
En passant, chaque fleur ;
Le vieillard qui se presse :
L'enfance et la vieillesse
Sont amis du Seigneur.

(DE LAMARTINE.)

EN PASSANT SUR LA LOIRE.

J'envoie à mes amis, du bateau qui m'entraîne
Loin des châteaux nombreux de la belle Touraine,
Un rapide croquis fait devant Chenonceaux
Qui s'asseoit sur un pont aux élégants arceaux;
Ses pieds arrosés d'une onde toujours pure,
Qui coule lentement avec un doux murmure;
Caché dans un vallon, ombragé par les bois,
Le soleil fait briller l'ardoise de ses toits.
Monument précieux des temps chevaleresques,
Qu'un ciseau florentin a brodé d'arabesques,
Dans le cristal des eaux, son naturel miroir,
Avec coquetterie il se penche pour voir
Ses frontons gracieux, sa forêt de tourelles,
Qu'habitent des essaims de blanches tourterelles.
Ce n'est pas de Chambord le fantastique aspect,
Imprimant à mon âme et douleur et respect.
Car de Chambord désert la face désolée
Attriste les regards ainsi qu'un mausolée :

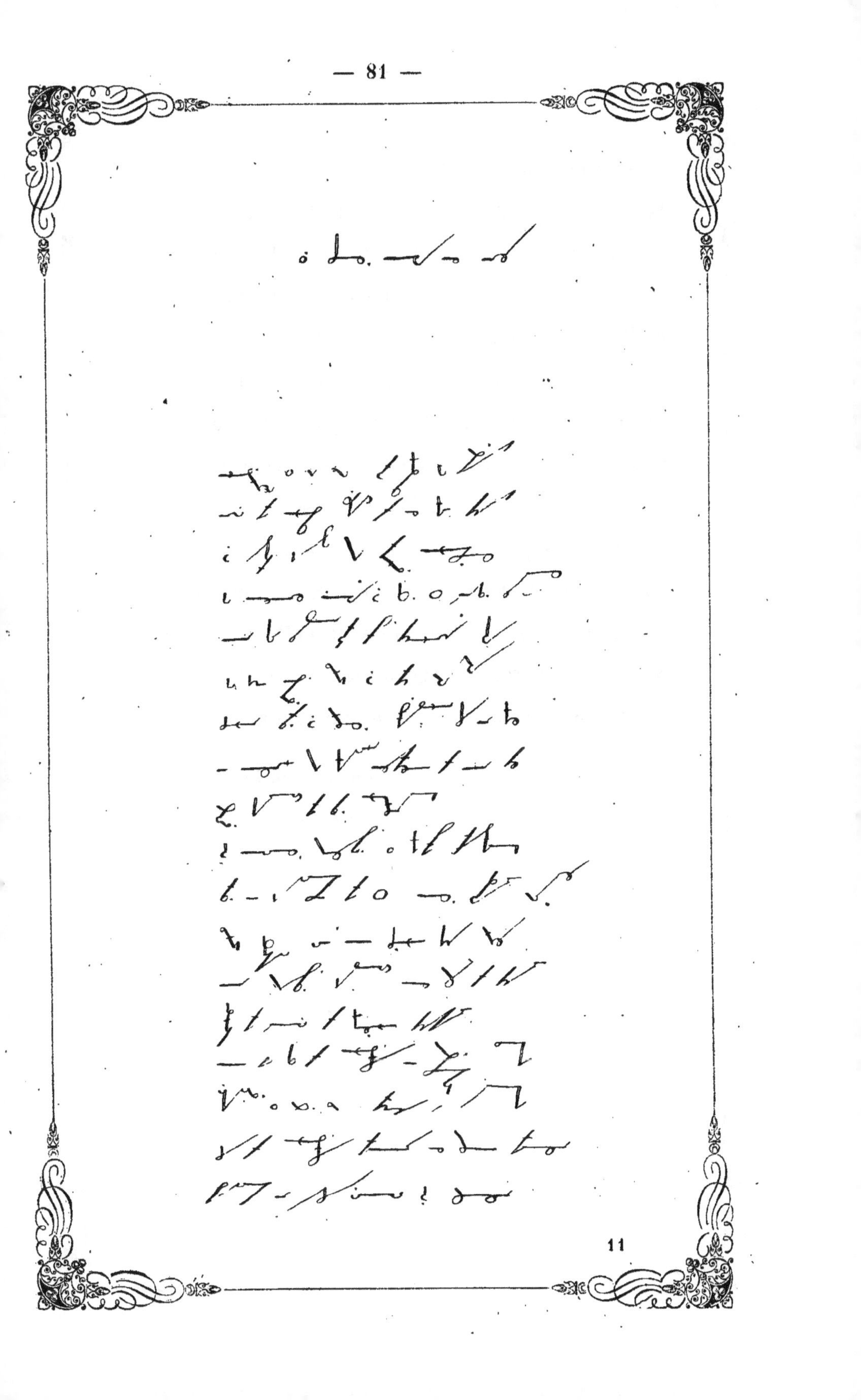

La sauvage Sologne est tout son horizon,
Tandis qu'à Chenonceaux le frais et vert gazon
Est baigné par le Cher aux transparentes ondes ;
Son parc étend au loin ses retraites profondes,
Et les dômes touffus des vieux chênes altiers
Dont les rameaux couvraient Diane de Poitiers !
Un jour elle arriva les yeux remplis de larmes
Que lui faisaient verser de pieuses alarmes :
« Mon père est condamné, j'embrasse vos genoux,
« Sire, grâce pour lui, grâce ! !.... — Relevez-vous,
« Le comte Saint-Vallier vivra ; moi, je vous donne,
« Chenonceaux, un fleuron de ma belle couronne. »
Ainsi parla ce roi qui perdit bien des jours
A faire des serments qu'il oubliait toujours.

(Adolphe de La Tour.)

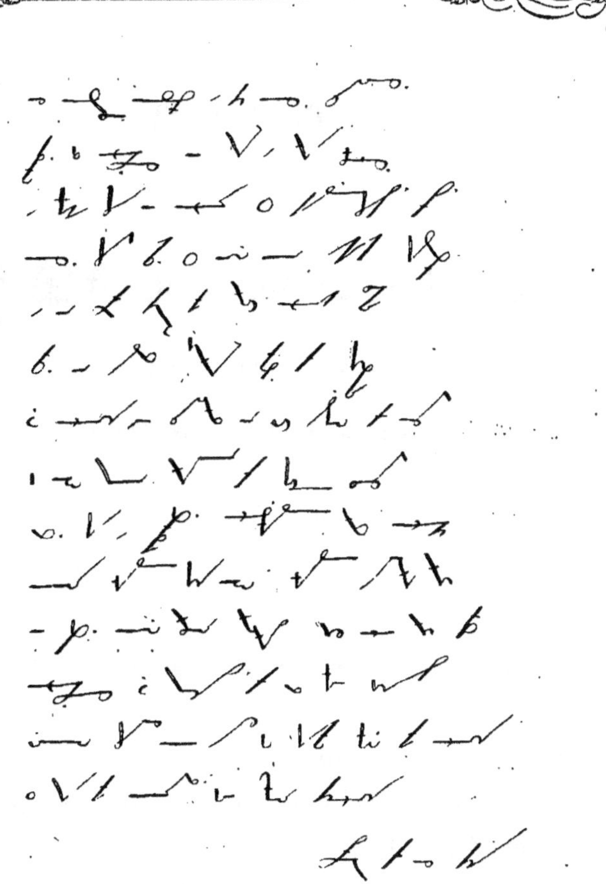

SUPÉRIORITÉ

DE LA

DEWIKOGRAPHIE,

Prouvée par la comparaison

AVEC LES STÉNOGRAPHIES LES PLUS USITÉES.

La Dewikographie est un véritable perfectionnement.

Elle réalise un progrès.

Notre propre conviction est aujourd'hui confirmée par l'expérience.

Professée dans les Lycées, dans les Colléges, dans les Séminaires, dans les Institutions, dans les Ecoles Normales; enseignée dans des Cours publics, la Dewikographie a été comprise par de très-jeunes Elèves et par des personnes très-âgées.

Le Tableau comparatif suffira pour faire ressortir la supériorité incontestable de notre système.

Nous aurions pu mettre notre méthode en parallèle avec l'Okygraphie, la Graphodomie, la Notographie, la Typophonie, et tant d'autres systèmes; mais nous avons préféré nous en tenir aux Sténographies qui ont fait école.

Tableau Comparatif.

MOTS COMPARÉS.	COULON. (1776).	TAYLOR. (1786).	CONEN. (1815).	Mme de WIK. (1847).
Alcali........				
Allemagne....				
Amalgame.....				
Colonel......				
Communément				
Cornemuse...				
Laconique....				
Légalement...				
Magnanime...				
Monologue....				
Monomane....				
Monotone.....				

TABLE.

Pages.

Recherches Chronologiques 5
Avantages de la Dewikographie 37

Première Partie. — THÉORIE DES SIGNES PRIMITIFS-MAJUSCULES.

Première Démonstration ..... PARIS 39
Deuxième » ..... TOURS 40
Troisième » ..... FOIX 41
Quatrième » ..... SEURRE 42
Cinquième » ..... AUTUN 43
Tableau Synoptique des Signes Primitifs-Majuscules 44

Suite de la Première Partie. — THÉORIE DES SIGNES PRIMITIFS-MINUSCULÉS.

Sixième Démonstration ..... QUIMPER 45
Septième » ..... NANTUA 46
Huitième » ..... MONTFORT 47
Neuvième » ..... LONS-LE-SAUNIER 48
Ensemble du Système 49
Première Récréation 50
Deuxième Récréation 51
Troisième Récréation 52
Quatrième Récréation 53

Deuxième Partie. — THÉORIE DES SIGNES SIMILAIRES MAJUSCULES ET MINUSCULES.

Complément Didactique 54
Première Démonstration ..... Changement du P en B 55

		Pages.
Deuxième Démonstration.....	Changement du T en D........	56
Troisième »	Changement du F en V........	57
Quatrième »	Changement du S en Z........	58
Cinquième »	Changement du S en Ch.......	59
Sixième »	Changement du S en J........	60
Septième »	Changement du Q en G........	61
Huitième »	Changement du N en Gn.......	62
Neuvième »	Changement du L en lle.......	63
Principes Générateurs..		64
Alphabet Logique de la Dewikographie.........................		65
Signes Dewikographiques, mis en rapport avec l'Alphabet vulgaire..		66
Première Récréation..		67
Deuxième Récréation..		68
Troisième Récréation...		69

Troisième Partie. — MODÈLES D'EXÉCUTION.

Derniers Conseils.. 71

Paris, par Mlle Anaïs Ségalas (signes interlinéaires)............... 72

Le Voyage, par Paul de Julvécourt (signes interlinéaires).......... 74

Le Poëte au Village, par de Lamartine (signes en regard).......... 77

En passant sur la Loire, par Adolphe de La Tour (signes en regard). 80

Supériorité de la Dewikographie, prouvée par la Comparaison...... 84

Tableau Comparatif.. 85

FIN DE LA TABLE.

Melun. — Imprimerie de DESRUES.

Pages.

Deuxième Démonstration. Changement du L en D. 56
Troisième. Changement du F en V. 57
Quatrième. Changement du S en Z. 58
Cinquième. Changement du S en Ch. [illegible]
Sixième. Changement du [illegible] [illegible]
Septième. Changement du C en G. [illegible]
Huitième. Changement du N en G. [illegible]
Neuvième. Changement du F en [illegible] [illegible]
Remarques Curieuses [illegible]
Alphabet Complet de la Dactylographie [illegible]
Signes Dactylographiques, mis en rapport avec l'Alphabet vulgaire 66
Première [illegible] 67
Deuxième [illegible] [illegible]
Troisième [illegible] [illegible]

Troisième Partie. — Modèles d'exécution.

Premiers Gestes 71
Paris, par M. [illegible] 72
Le Voyage [illegible] 74
Le Lion [illegible] [illegible]
[illegible] [illegible]
Supériorité de la [illegible] [illegible]
Tableau Comparatif [illegible]

www.ingramcontent.com/pod-product-compliance
Lightning Source LLC
LaVergne TN
LVHW020435230826
846091LV00004B/1503

9782016205013